AF275280

EL VIAJE DE LAS BIBLIOTECAS

ANTONIO MORENO

Primera edición en Newcastle ediciones,
Marzo 2025

© Antonio Moreno, 2025
ISBN: 979-13-990118-0-7
Depósito legal: MU 222-2025

Diseño y portada: Cristina Morano
Maquetación: María Cerón Madrigal

Impresión: Estugraf
Edita: Newcastle Ediciones
Calle San Nicolás 25, 3ºD
30153 Corvera (Murcia)
newcastleediciones@yahoo.com
www.newcastle-ediciones.tumblr.com

Índice

A Bárbara

Se puede viajar por el mundo y no ver nada.
Para alcanzar la comprensión es necesario no ver
muchas cosas, sino mirar atentamente lo que ves.

GIORGIO MORANDI

Todo lo esencial del sentimiento de la forma
está contenido ya en el más pequeño trozo.

HEINRICH WÖLFLIN

PROLEGÓMENOS, UN RESUMEN DE CASI TODO

La mayor parte de mi vida ha transcurrido cerca de una biblioteca.

La primera que pisé fue la de Murcia. Tenía yo nueve años y mi familia acababa de trasladarse a esta ciudad desde Alicante. Por entonces la biblioteca todavía se encontraba en la Casa de la Cultura de Alfonso X el Sabio, junto al museo arqueológico y el archivo histórico, a pocos metros de nuestro nuevo domicilio. Las antigüedades ocupaban los bajos de aquel palacio, en cuyos jardines se esparcían, abandonados sobre el suelo, diversos escudos de piedra. Una escalera señorial llevaba hasta los libros en la primera planta y, más arriba, conducía a unos angostos corredores con extensísimas estanterías repletas de voluminosos infolios, legajos y mamotretos forrados en pergamino, amarillentos y más viejos que nuestros abuelos. A los niños se nos permitía curiosear por todos los rincones, subiendo y bajando aquellas anchas escaleras.

Más tarde, vería otras colecciones arqueológicas igualmente emplazadas con fondos bibliográficos en un mismo edificio, lo mismo que en Murcia, como si las piedras y los vestigios de civilizaciones pretéritas estuviesen imantados por las palabras, e inversamente: las palabras por las piedras. En cualquier caso, la arqueología —mi primera pasión infantil— exponía tácitamente, sin necesidad de biblias, aquello del *et in pulverem reverteris*. Los papeles y sus textos aportaban un relato, creaban espacios imaginarios. Pero está claro que estos pensamientos no los tuvo el niño que fui, sino el adulto que soy mientras medita en la narración de sus días. A los nueve años yo aún era un ser eterno.

Tampoco fui nada precoz: aquel niño aún no leía libros. No, al menos, libros sin dibujos o sin láminas. Mi distracción principal la constituían las historietas gráficas de los tebeos, y el mayor tesoro eran las recopilaciones encuadernadas en cartoné disponibles en aquella biblioteca de Murcia. No tardarían en llegar Tintín y el galo Astérix.

Aquel curso Francisco Ibáñez acudió a la feria del libro, instalada también en la Gran Vía de Alfonso X el Sabio. No pudo hacerme más feliz que un fotógrafo de *Línea*, un periódico local, me pidiera que yo posara —«Niño, ponte ahí»— junto a mi más admirado historietista. Al día siguiente, por vez primera aparecía una foto mía en un diario. Durante bastante tiempo anduvo por los cajones, traspapelada, aquella página del periódico que apartó mi madre, lo mismo que haría años después cada vez que salía algo relacionado con su hijo en la prensa.

Pero dejemos a un lado las historietas, vayamos a lo que importa.

Aunque creamos lo contrario, los nombres nunca resultan irrelevantes, jamás se pronuncian a la ligera: trascienden, se cuelan en nuestras mentes, van abriéndose camino en el pensamiento. Cuando un año después regresamos a Alicante, traje de Murcia dos intuiciones más o menos definidas. La primera, que una biblioteca sin duda estaba relacionada con esa noble abstracción que es la Sabiduría, con mayúscula. Así tenía que ser, si el único lugar reservado a los libros que hasta entonces yo conocía se hallaba en una avenida con el nombre de un rey sabio, y si además aquella feria del libro se celebraba en el mismo lugar. ¿Qué mayor prueba? Tardé bastante en diferenciar y comprender que una cosa son los saberes, y otra muy diferente la sabiduría. Tardé asimismo algún tiempo en advertir que la sabiduría no tiene mucho que ver con la letra impresa, si bien ciertas páginas evidentemente podían prestar inestimable ayuda. En cambio, no tardé demasiado en averiguar lo mucho que se hacen notar los tontos eruditos.

Mi segunda intuición era para mí tanto o más importante y significativa que la primera. Ya la he apuntado más arriba a medias. Era la siguiente: una biblioteca pública puede convertirse también en un territorio individual y aparte, aunque sea un recinto colectivo. Aquellas mesas eran lo más parecido a un espacio silencioso y privado para quien no poseía aún un cuarto propio. Y pronto experimenté la necesidad de ser dueño de ese cuarto propio, alejado de procelas e inquietudes familiares. En el perímetro de cada biblioteca uno podía encontrar un espacio privativo, y cada libro que de verdad nos concernía a su vez generaba nuevos e inéditos espacios imaginarios, valles e islas, refugios, cabañas, escondrijos.

Este segundo atisbo, paso a paso, se fue afirmando y definiendo durante la adolescencia, hasta llegar a los años universitarios.

A no muchos metros de casa, en la avenida Ramón y Cajal, estaba la Gabriel Miró, una biblioteca ubicada en un entresuelo oscuro y lóbrego cuyo mayor atractivo eran las extensas ventanas que daban al puerto de Alicante y a la inmensa bóveda vegetal que componían los ficus del parque de Canalejas. Salvo las mesas dispuestas junto a las ventanas, el local restante quedaba en la penumbra, envuelto por las sombras. De aquellos techos bajos, sobre cada mesa pendía una lámpara redonda y blanca, que, tras tirar de un cordón, dejaba caer un círculo de luz amarillenta. Un busto del escritor presidía el austero mutismo de todo aquel ámbito minuciosamente enmoquetado.

Siempre me he distraído con facilidad. Por más que me haya cautivado un libro, he sentido la necesidad de detener la lectura incluso en los momentos culminantes o más intensos: para situarme y recobrar un poco de distancia, puede que para no sentirme completamente arrebatado. Cuando sólo me dedicaba a preparar exámenes o a estudiar apuntes, las pausas estaban más que aseguradas y menudeaban. El caso es que solía aprovechar esas interrupciones para salir a pasear por el parque y el puerto, o bien, si hacía calor, para ir al Club de Regatas, por entonces situado en medio de la dársena, en un edificio ecléctico —con ventanas mudéjares y una torre— que fue arbitrariamente demolido. En realidad, me colaba por la puerta de marinería, hacia las yolas, los *outriggers* y las demás embarcaciones de remo, como cuando era un crío. Los pantalanes se internaban hasta donde había una plataforma con una escalerilla para tomar baños.

Daba unas brazadas, dejaba que el sol me secara el cuerpo y luego regresaba con la sal en la piel al estudio o a la lectura. Esos contrastes me ayudaron a no limitarme al papel y a las sombras. Abundaban los rostros apagados, lívidos por el estudio y el exceso de horas en la biblioteca.

Pero, igual que los paseos, el sol y los baños, otra fuente de gozo fueron aquellas primeras lecturas filológicas a las que me llevó el estudio de la literatura, las páginas de algunos ensayos literarios donde, ejemplarmente, confluían virtudes como la claridad de un discurso lúcido asentado en conceptos nítidos y precisos, su excelente escritura, la perspicacia lectora de sus autores, su inteligencia. Creo que ya no volvería a leerlos, como no volvería a leer muchos poemas o novelas que alguna vez me gustaron, pero disfruté con los trabajos de Dámaso Alonso, de Jorge Guillén, de Rafael Lapesa o Pedro Salinas; o con aquella *Historia de la literatura romana* de Ludwig Bieler; así como con algunos de los libros y artículos dedicados al *Quijote*. Fueron para mí admirables modelos del idioma.

Otras veces aprovechaba esas pausas para observar a quienes me rodeaban, somnolientos estudiantes, licenciados, aspirantes empeñados en ganar alguna plaza administrativa, la mayoría sumergidos en sus apuntes o en áridos temarios de oposiciones. O bien me entretenía consultando en aquellos inacabables cajoncillos de los ficheros, atestados de cartulinas imprevisibles, donde algún tesoro podía aguardarme, y ante las que a veces soñaba que, algún día futuro, un libro mío pudiera llegar a incluirse ocupando una de ellas.

Y a pocos metros, en una dependencia reservada, estaban el despacho y la biblioteca de Gabriel Miró, traídos de Madrid. Me recuerdo parado allí de pie, sin decidirme a pasar, asomado a la puerta, frente a aquella mesa de aspecto monacal que descansaba sobre una alfombra. Me agradaba mirar la soledad de los objetos, su sobria austeridad. Recuerdo un búcaro sobre la tabla desnuda. Creo que había también un cuenco de barro. Y el sillón castellano, espacioso y recio, con los brazos de madera y un cojín burdeos. Alguna foto, y los libros –no muchos, todos convenientemente encuadernados, en piel o en tela– bien dispuestos en tres o cuatro nobles librerías. Aquel parvo reducto era para mí el arquetipo de ese espacio deseado. Supongo que a estas alturas resulta obvio que no me refiero exclusivamente a un lugar físico, ni siquiera a otro imaginario. Hablo de la expresión visible de un lugar aparte, situado en los adentros. Ningún otro escritor ha encarnado más vivamente el bello ejemplo de una vida en apariencia gris con una intimidad tan fecunda, tan contemplativa. Tan atenta. Ninguno había visto y escuchado el silencio del paisaje con una soledad así de sosegada y luminosa.

No era infrecuente coincidir en aquella biblioteca con Miguel Ángel Lozano, vecino, profesor y amigo, siempre discreto, atareado con sus trabajos y modélicas ediciones de Azorín y Miró. Pocos estudiosos se asemejan tanto a los textos a los que han consagrado sus vigilias como Lozano. De él escuché siendo yo muy joven, por el año 82 u 83, el consejo más valioso que he recibido como poeta, el mismo que más adelante hallé en *Historial de un libro*, de Luis Cernuda. O puede que ya lo hubiera leído en *Ocnos*, no me acuerdo. En cualquier caso, creo que se lo debo. Han pasado muchísimos años y supongo que los dos, Miguel Ángel y yo, coincidimos en el sentimiento de extranjería que a ambos nos suscita este tiempo nuestro –¿nuestro?– de ahora. Puede que, al echar la vista atrás, él advierta cómo va alejándose más y más de una época clausurada, como aquella biblioteca Gabriel Miró, cuyas puertas cerraron, puede que definitivamente.

Involuntariamente, sin pretenderlo, mis palabras iniciales se han retrotraído hasta la infancia y el pasado, me temo que lo mismo que le ha sucedido a este libro. Pero, realmente, para un hombre de mi edad, ¿qué es presente, y qué pasado? No lo sé. Cada vez lo ignoro más, me parece más confuso. Un joven anhela construirse, desea abrir cimientos y edificar su biografía, alzarse. Sin embargo, cuando menos se lo espera, el tiempo se ha esfumado. O al menos aquel tiempo promisorio, que parecía inagotable, por mucho que lo dilapidásemos gastándolo a manos llenas. Y entonces el pasado se convierte en una irradiación, en una suerte de cuerpo lumínico que despide sus centelleos sobre el mundo que ahora vemos, de modo que el presente viene a ser lo más parecido a esa varilla o gnomon cuya sombra indica las horas en la pared de un extraño reloj solar. Comprobamos que el hoy y el ayer dialogan de continuo, constantemente unidos, indiscernibles, inseparables.

¿Por qué en los viajes, cuando en ocasiones se encuentran con alguna, quienes son lectores deciden entrar a una biblioteca? Yo diría que franquean esas puertas porque una biblioteca guarda relación con un proyecto tanto personal como colectivo; como un libro, nos plantea una propuesta, y a todos nos atrae el horizonte de lo posible. Por otra parte, esas visitas singularizan el lugar por el que caminamos. Ahora mismo me ha venido Castropol a la memoria, en Asturias, aquel jardín en la parte alta del pueblo y la mansión indiana que ocupaban los libros, un centro ilustre y dinámico que tuvo relación con el sueño de difundir la cultura y con las republicanas misiones pedagógicas. Además de su ría y de sus señoriales casas, la villa de Castropol es esa biblioteca.

Las bibliotecas generan expectativas similares al papel en blanco: como él, nos ofrecen el espacio de las infinitas posibilidades. Sentimos que en esas salas están contenidos todos los pensamientos y todas las voces. Y es así incluso en el lugar más sencillo y pequeño. Incluso en Salinas —un pueblecito a pocos kilómetros de Sax y de Monóvar—, donde la biblioteca no es más que una mesita con unos cuantos libros colocada en una esquina prescindible de la casa consistorial, junto a una máquina de bebidas y al pie de una escalera. Pegadas a la pared con chinchetas, unas fotocopias de portadas remiten al parco fondo bibliográfico, unas docenas de volúmenes que en una oficina se guardan en un armario. Y este poco, con todo, ya es mucho.

«La apuesta», un cuento de Antón Chéjov, ilustra cabalmente hasta qué punto una biblioteca contiene los mil y un caminos del mundo. El relato es la historia de un joven abogado que, seducido por la perspectiva de ganar una sustanciosa suma, pacta una apuesta con un acaudalado banquero. El desafío consiste en la renuncia a la libertad por parte del joven, que, a cambio de un dineral, acepta vivir durante quince años, bajo vigilancia, en un absoluto encierro. Perderá toda esa fortuna en el caso de que traspase el umbral del cuarto donde ha de permanecer recluido, aunque sea unos minutos antes de cumplirse el plazo acordado. Durante su encierro, el joven únicamente pide a su celador libros. Una gran cantidad de libros, que con el paso de los años van conformando una nutrida biblioteca. Textos sobre todo tipo de asuntos, tanto los físicos o mundanos como los espirituales o metafísicos. Pasa el tiempo y el preso voluntario vence sus distintos momentos de crisis. Cuando, por fin, los quince años estipulados están a punto de llegar a su término, el banquero trama el asesinato del recluso: al borde de la bancarrota, sólo podría librarse de esa situación de ruina con el capital de la apuesta. Nadie, sin embargo, es asesinado. El de los libros es ahora una persona completamente transformada. Ya no tiene nada que ver con el joven que fue tres lustros antes. Es otro hombre. Sus lecturas —esa biblioteca— le han enseñado la vanidad de nuestras codicias y ambiciones, la vacuidad, la esterilidad de todo anhelo. Para asombro de su carcelero, al filo de la última noche renuncia a su fortuna y abandona la celda.

Por eso nos atraen las bibliotecas, porque intuimos que, celosamente, entre sus estantes se salvaguarda nuestra mejor y más independiente y soberana pobreza.

Es este un libro gustosamente provinciano. Quiero decir, un libro cuyas andanzas se circunscriben al radio de lo contiguo o más o menos aledaño, esto es, las inmediaciones de Elche, donde está mi casa, y los paisajes de la provincia en la que vivo. Espero que no sea provinciano en el sentido desdeñoso que recoge la tercera acepción del diccionario de la Academia: «Excesivamente apegado a la mentalidad o a las costumbres de su provincia». Ese adjetivo nos horrorizaba cuando éramos jóvenes: «Es solamente un pintor provinciano», «Es una publicación provinciana», «Es un poeta provinciano», decíamos, por ejemplo, como el mayor de los desdoros o deméritos... Lo cierto es que ya nada de eso me importa. Como tampoco me importa mucho que estas páginas que he escrito estén destinadas a muy contados lectores. Así que, además de provinciano, este es un libro solitario. Gran parte de la literatura es patrimonio de los solitarios.

Cuando oigo hablar de viajes, me maravilla lo muy lejos que se marcha la gente. A veces parece que exista una relación proporcional entre lo remoto de los destinos y la insatisfacción de sus vidas: mayor descontento cuanta más lejanía. A mí me bastan cada vez menos metros para estar absolutamente convencido de que emprendo o he emprendido un auténtico viaje. Protágoras, el sofista griego, formuló en nueve palabras lo que ya sugirió Homero y ahora yo estoy repitiendo, a saber: que el hombre es la medida de todas las cosas. Es una sentencia celebérrima que inspiró *Los viajes de Gulliver* o aquel *Viaje alrededor de mi habitación*, de Xavier de

Maistre, cuyo protagonista culmina su particular periplo sin necesidad de salir de las cuatro paredes de su cuarto. Actualmente, mi futuro –en un sentido inverso– se expande y crece en forma de pasado. Me bastaría abrir un cajón de mi mesa para iniciar un viaje retrospectivo similar al de Maistre. Y estoy seguro de que sería un gustoso viaje.

Pero tampoco es menester adoptar una perspectiva así de diminuta. Me valdré, no obstante, de uno de los objetos de este cajón para explicar más gráficamente cuál es mi punto de partida: una lupa, que antes perteneció a mi padre. No sé si fue esta u otra la que empleaba en mi niñez para realizar un experimento que a todos los niños nos fascinaba. Igual que esos corros de invocadores que en la güija convocan a los espíritus, nos reuníamos cuatro o cinco chiquillos con las cabezas inclinadas sobre un papel o una chapa de madera. Bastaban un hueco suficiente para que pasara un haz de sol y esta lupa, que una mano dirigía a la luz del cielo para que, a través de la lente, concentrara toda su fuerza en un punto blanco proyectado sobre la superficie de la madera o del papel. Todos mirábamos expectantes y en silencio, hechizados por ese puntito de sol del que no tardaba en aparecer un hilo de humo. Al poco, como testimonio de aquel portento, comprobábamos cómo se quemaba el papel o la madera quedaba ennegrecida.

Desde entonces, no he vuelto a repetir aquel experimento de refracción. Pero creo que mi modo de mirar se asemeja bastante al proceso óptico de la lupa que ahora mismo observo: tiendo, por instinto, a percibir cada realidad agrandada, como tocada por una columna de luz que la realza. Y así, al mismo tiempo, vengo a ser eso que miro y también la lente por la que el sol se refracta e intensifica. Suele decirse que con la edad uno se acostumbra a todo y el mundo pierde brillo. Pero a mí me ocurre lo contrario. Por eso no necesito desplazarme muy lejos para sentir que estoy inmerso en un verdadero viaje.

«¿Y por qué demonios tienes que ir a ese pueblo?», me preguntó alguna vez cierto amigo, cuando le comentaba a dónde había ido a pasear. Porque en los pueblos es donde más concentradamente noto que se produce esa combustión de la luz a través de la lupa, sería mi respuesta. Tampoco está muy claro a qué nos referimos cuando hablamos de los pueblos... Desde las tradiciones hinduistas a Kant y Schopenhauer, es de sobra sabido que la mente humana es la creadora de la realidad, la excepcional diseñadora del mundo. Es asimismo un tópico señalar que ante un mismo motivo diferentes pintores nunca pintarán lo mismo.

Porque el mundo no es el mundo, sino nuestra microscópica representación del mundo. Es decir, lo más semejante a un sueño, en el que los libros, según parece, nos hablan despiertos.

ORIHUELA
(miércoles, 7 de febrero de 2024)

Orihuela es una ciudad de tradición clerical con un patrón laico de nombre arcangélico y apellido corriente. En Semana Santa la población se vuelca en sus tradiciones litúrgicas, en procesionar sus Salcillos y orear por las calzadas a Nuestro Padre Jesús Nazareno; pero durante el resto del año el nuevo patrón administrativo es, indudablemente, el poeta Miguel Hernández. No parece un mal cambio. Suyo es el nombre de la estación de tren donde hemos bajado, y el de otros lugares e instituciones.

La fosca fealdad de los andenes soterrados favorece, por contraste, el atractivo de las plazas, los jardines y las calles. Todavía algunas zonas se hallan casi en estado de abandono, y sobrellevan la pobreza como pueden. Cada vez que hablábamos de su pueblo natal, nuestro amigo Manuel Molina —que también lo fue de Miguel Hernández y su mujer, Josefina Manresa— solía resumir en una palabra el mayor mal que, según él, ha padecido Orihuela: desidia. Cuando Bárbara y yo nos casamos, el regalo de Manolo Molina y Maruja, su compañera, fue un epistolario conmovedor: *Cartas a Josefina*, excepcional testimonio del poeta, como los poemas que escribió en sus últimos meses de vida.

Junto al moderno edificio de la estación, cerca de la salida, saludamos de parte de Manolo a una escultura tallada en mármol blanco que retrata a su amigo. Dista de ser una gran obra. El escultor lo ha representado declamando unos versos, con la mano izquierda alzada y un papel en la otra, prácticamente igual que aparece en una conocida fotografía de la Guerra Civil, mientras arengaba a los soldados de la República. Pero en la foto aquella Miguel usa ropa militar y lleva un zurrón en bandolera, mientras que en este monumento el artista lo ha vestido con la misma chaqueta de solapas anchas sobre un jersey de cuello redondo que se ve en otra fotografía de cuando el poeta homenajeó a Ramón Sijé, muerto también temprano. En el zócalo del pedestal han colocado una placa de plástico con unas palabras: «Los poetas somos Viento del Pueblo», seguidas de un autógrafo del poeta del pueblo. Lo dejamos atrás, circundado por un corro de magrebíes que tertulian sentados, indiferentes a cuanto los rodea.

Asombra comprobar hasta qué punto puede propagarse por un lugar el influjo de la figura y la obra de un escritor, como ha sucedido con Miguel Hernández en Orihuela y en toda la comarca de la Vega Baja del Segura. Es como si antes de que él viviese estas tierras hubieran existido menos. En más de un mirador o de una ventana, reproducidos en balconeras y telas, pueden leerse versos suyos. Y paseando por las laderas del castillo, una vez vi en una carpintería medio desamparada un cartel con aquel retrato que le hizo en la cárcel Buero Vallejo, alumbrado por una imprecisa bombilla, igual que en un altarcito.

La estación ferroviaria está en un extremo de la avenida de Teodomiro, una alameda con plátanos que conduce hasta el templete musical de la Glorieta. Y aquí y allá, cada poco nos detenemos a leer versos de distintos poetas, que exhiben unas pegatinas adheridas por todo el embaldosado a lo largo del paseo: versos de Wislawa Szymborska, de Pablo Neruda, de Rosalía de Castro, de Antonio Machado; palabras que, fuera de su contexto —y a veces en él—, parecen sacadas de un póster adolescente: «Me gusta cuando callas...».

Todo este despliegue poético no existiría sin el ascendiente de Miguel Hernández, cuya vida y muerte se conmemoran cada año en una especie de romería o itinerario festivo-cultural denominado La Senda del Poeta, que parte desde aquí hasta el cementerio de Alicante. Pero uno, como don Quijote, piensa que a la poesía no le gusta ser manoseada como mero ornato por las esquinas de las calles y de las plazas. A uno no le agradan las romerías, sean laicas, religiosas o poéticas, ni las pegatinas en el pavimento de los paseos.

Lo más hermoso y poético que, con todo, he presenciado en Orihuela me sucedió hace más de veinte años, en la biblioteca Fernando Loaces. Acudí a ella para sacar unos cuantos libros. Mientras aguardaba a que llegase mi turno para que los registraran y les pusieran la fecha de devolución, reparé en un niño gitano con no más de doce o trece años de edad. Por lo gastado de su ropa, se notaba a las claras que era de familia humilde. Su mano llevaba el grueso tomo de las *Poesías completas* de Salvatore Quasimodo, publicadas en La Veleta. Posiblemente será un prejuicio mío, pero me sorprendió ver ese libro de poesía en las manos de un niño, y más en las de un niño gitano vestido con pantalones sucios y una camisa desteñida. No pude evitar preguntarle:

—¿Vas a leerlo?

El chiquillo era tímido. Bajó la mirada, un poco confuso. Casi escondió detrás, por la espalda, el libro.

—No, es para mi hermano. Le gusta la poesía —contestó.

Puede que su hermano leyera a Quasimodo gracias a la influencia de Miguel Hernández.

Desde que vivo en Elche, vengo a pasear por Orihuela unas cuantas veces cada año. En tren —como hoy con Bárbara—, en coche, en bicicleta. Sobre todo, me gusta volver a finales de diciembre o en los primeros días de enero, cuando la atmósfera está más limpia y alta y más destaca el armonioso antagonismo entre el color terrestre de las calizas y el inasible azul del cielo. Cada viaje, según el medio de transporte, adquiere un alcance distinto. Se transforma. Prefiero llegar pedaleando por los campos y los caminos de la huerta. Por las colonias de El Realengo y San Isidro, o por el Hondo y San Felipe de Neri, con su gran cúpula de tejas elevada sobre los cultivos de alfalfa y las moreras. O bien conduciendo despacio por esos mismos caminos, en los que de cuando en cuando me detengo en algún bar donde suelen concurrir parroquianos vocingleros. Las primeras veces llegaba desde Callosa de Segura y Redován, bordeando el costado sur de la sierra de Callosa, que poco más allá, tras perderse en la planicie de la vega, era relevada por las paredes grises y rojizas de la sierra de Orihuela, a cuyos pies se levanta el hermoso volumen de piedra del colegio de Santo Domingo, en el arrabal de San Juan.

Hasta él hemos llegado por la misma calle de San Juan, tras cruzar el río. Me gusta comenzar aquí los paseos: desde el edificio más perfecto de la población, que, bajo la orgullosa verticalidad de la sierra, se extiende tras la antigua puerta de Callosa como una abstracción desprendida de la roca.

Hace una mañana primaveral en un día de invierno. Retumba una viva agitación tras los muros de Santo Domingo, bulla de bocinas y vítores colegiales animando alguna competición deportiva. Gritos de niños corriendo. Y es a un mismo tiempo turbador y placentero escuchar esas voces jovencísimas borboteando en el interior del edificio, tras la persistencia de esos sillares junto a los que se han sucedido distintas generaciones de Orihuela. Fuera del colegio, frente a la puerta principal, unos muchachos vestidos con uniformes escolares no quitan los ojos de las pantallas de sus móviles, lejos de todo esto.

Unas décadas atrás, por este arrabal de San Juan abundaban gitanos y payos más bien pobres; ahora, los inmigrantes que no hacen visitas turísticas también se han sumado a la población del barrio. Muchos viven en casas apuntaladas que presagian su hundimiento, junto a solares abandonados y ventanas tapiadas. Algunos ojos arrojan una mirada hostil sobre el forastero. En calles necesitadas como estas por las que ahora caminamos resulta inevitable pensar en para quiénes existen verdaderamente los libros y la cultura. ¿A quiénes están destinados? Me pregunto qué será de aquel lector del hermético Quasimodo. Y qué será también de su tímido hermanito.

Más allá de los préstamos bibliográficos del canónigo Luis Almarcha y de otros amigos, algún beneficio obtendría también el Miguel Hernández más joven —ávido lector– de esta biblioteca, una de las públicas más antiguas entre las españolas, y actualmente la de mayor fondo en la provincia de Alicante. Su descubrimiento fue para mí una razón añadida para visitar más a menudo Orihuela. En ella podía encontrar libros que no figuraban en los catálogos de otros sitios. De hecho, mi último carné de usuario me lo expidieron aquí, tras haber extraviado el anterior. Había solicitado una licencia sin empleo y sueldo y disponía de más tiempo libre –como ahora– para acercarme cada tanto y llevarme unos cuantos títulos.

No recuerdo ya cómo, un día conocí aquí a un hombre de trato amable y hospitalario, nueve o diez años mayor que yo. Tras unas amplias gafas de pasta oscura con lentes tintadas, sus ojos expresivos, observadores –de una timidez contagiosa–, miraban con un entusiasmo circunspecto, que no pretendía ser expansivo, o que no quería serlo. Un abundante bigote bien cuidado subrayaba esa reserva suya. Los dos nos apellidamos igual.

Así fue como nos conocimos. César Moreno era el director de la biblioteca. Resultaba que él también vivía en Elche. Me comentó que en un par de ocasiones había devuelto al cartero sobres con mi nombre y domicilio repartidos erróneamente en el suyo. No hemos mantenido más que alguna fugaz conversación, pero creo que los dos nos profesamos la misma simpatía y similar afecto. En los últimos tiempos hemos coincidido más de una mañana, muy temprano, en el tren, él hacia Orihuela, y yo una estación antes, hacia Callosa de Segura, desde donde seguía hasta Cox en bicicleta. También en el tren nuestros saludos eran tan cordiales como elusivos. Los dos estimamos el amparo oculto de la soledad y el silencio. Sospecho que ambos preferíamos dejar intacto ese transparente fanal de las horas iniciales del día.

Una vez lo encontré de pie en la sala general de lecturas, una estancia iluminada por altísimas ventanas de dimensiones palaciegas, ornada con vetustos retratos de próceres y personajes insignes, de porte igualmente palaciego. En realidad, la biblioteca Fernando Loaces remeda un palacio, la antigua mansión de los condes de Pinohermoso, frente a la residencia del marqués de Rafal, secamente neoclásica. Pero del primitivo palacio de Pinohermoso tan sólo ha quedado la portada. Franqueada la puerta, se abre un amplísimo espacio de varias alturas, todo de mármol blanco, bajo una gigantesca claraboya que deja entrar una claridad lechosa. Cuando aquel día lo saludé, lo vi empequeñecido por la magnitud de la sala y sus ventanas y retratos. Se ofreció para traerme cuantos títulos me interesaran a Elche, y así lo hicimos algunas veces desde entonces.

Es un lugar común afirmar que, creada libro a libro durante una vida, una biblioteca personal es un retrato fiel de su dueño. No sé si es un tópico del todo exacto, pero en general podría aceptarse y dar por bueno. Y una biblioteca pública, ¿a quién retrata? Aunque, tratándose de una biblioteca veterana como esta, sería más conveniente un plural, y preguntarse no a quién, sino a quiénes retrata. Cabe suponer que es una imagen de sus sucesivas directivas, de quienes a lo largo de los años han trabajado incorporando y catalogando nuevas obras, pese a que algunos bibliotecarios no parecen sentir gran estima por los libros. Por esta razón mi pregunta puede parecer desatinada y un poco ociosa. En la Fernando Loaces, por ejemplo, cuentan mucho también las donaciones que han ido engrosando su fondo bibliográfico, además de todos los libros heredados de la antigua universidad teológica del Colegio de Santo Domingo, que incluyen incunables.

Pero dejemos lo de ayer y vayamos a lo presente. Y una parte destacable de esta biblioteca de hoy sí constituye una suerte de retrato de César Moreno, que, acaso sin pretensión personal ninguna, ha reunido un buen caudal de diarios, de libros de memorias y, sobre todo, de poesía que distingue este refugio de los otros.

En toda la larga sala no hay más que un hombre de aspecto quebradizo, sentado al fondo, la cabeza inclinada ante unos papeles. Un remanso de luz se detiene en su calva lustrosa. La altura de las ventanas y la pátina sombría de los cuadros agrandan su delgadez y disminuyen su presencia, casi anacrónica en medio de esta galería de los retratos.

Como la de Logroño, la calle Mayor de Orihuela —calle Mayor de Ramón y Cajal es su nombre completo—, podría haber sido un buen escenario para aquella película homónima de Juan Antonio Bardem. Aunque por los años cincuenta del pasado siglo muchos otros paseos, pasajes, calles y alamedas de toda la península también podrían haber servido para simbolizar de forma parecida el ámbito delimitado de un lugar provinciano. Desde su mismo comienzo, junto al sencillo claustro catedralicio abierto al camino, la perspectiva suavemente curva de la calle es muy hermosa. No se cansa uno de pasear por ella, de observar a quienes pasan y se alejan de nosotros junto a los portales de las viejas casas y las arquivoltas con los ángeles músicos de la catedral, mientras detrás o delante de nosotros va dibujándose el contorno fugaz de esos peatones yendo a sus respectivos destinos.

La calle mayor de Orihuela, con su palacio episcopal y sus comercios moribundos, nos sitúa en la sugestiva simplicidad de una ciudad pequeña, en la ilusión de un repentino viaje atrás a la provincia, con todo lo que este concepto de provincia comporta: una vida más previsible, más pautada, y el tiempo soñoliento de un medio agrario y una población menor salpicada de iglesias, conventos y palacetes de marqueses, condes y barones. A estas horas de la mañana, antes del mediodía, el color de la luz es aún dorado, como bruñido sobre la historia de las piedras. La gente va a sus asuntos, y el nuestro hoy es ver cómo sucede esta cotidianidad de cada día.

La fetidez cenagosa del Segura, que discurre detrás, trasciende por las calles, que por aquí arañan la falda del peñasco de San Miguel y la mole solitaria e inhóspita del Seminario Diocesano. Desde allá arriba conforta contemplar el panorama de la huerta, y la silueta en punta de Monteagudo al fondo, tras la que pueden vislumbrarse los edificios más altos de Murcia, envueltos por la tenue bruma.

Más adelante, en la plaza de Santiago, cuatro policías rodean a un hombre de piel apergaminada y con la cabeza abatida, como si se sintiera abochornado o acabaran de darle una pésima noticia y quisiera esfumarse bajo el suelo. El grupo está pegado a la entrada de la iglesia, junto al parteluz con la escultura del apóstol apoyado en su báculo patriarcal. Con los brazos en jarra, los cuatro policías miran callados al detenido, sin saber muy bien qué hacer, titubeantes, confusos. Detrás, un vehículo policial vacío no deja de despedir destellos azules, mal estacionado encima de la acera. Los viandantes se detienen a mirar la escena, van formando un corro para averiguar cómo acaba.

No hay nadie en el interior de la iglesia, tan sólo una mujer que limpia una capilla. Interrumpe la faena, nos vigila unos segundos y en seguida vuelve a sus barridos y su fregona.

Imagino que nuestros rezos, como nuestra biblioteca personal, como casi la totalidad de nuestros actos, también nos retratan. Aunque, mejor que a los rezos, sería más adecuado referirse al modo de rezar, a la manera de situarse ante lo numenoso o divino. Generalmente, el punto de partida mayoritario, y el más frustrante, es la frontalidad: por un lado, alguien —un hombre, una mujer— que entona sus plegarias; por otro, como quien dice enfrente, la divinidad. O el mutismo de Dios. Y dos suelen ser las formas de orar: la primera es la basada en la tradición aprendida de nuestros mayores, la verbal, que repite como un mantra todo ese acervo de jaculatorias, plegarias, súplicas y rezos asimilado durante la infancia; y la segunda forma consiste en recogerse profundamente en el silencio sin pedir nada en absoluto; en escucharse escuchándolo como principio y fin de todo cuanto existe y de nosotros mismos. Este segundo modo de rezar es lo que los tratadistas denominaban oración callada, un tipo de oración que mucho tiene que ver con la desaparición o abolición de nuestras prevenciones, de las sucesivas capas identitarias, para dejar paso a ese vacío o espacio deshabitado de «reconocimiento». Pero aquí de poco sirven las designaciones, puesto que hablamos de una experiencia que ha dejado de lado las palabras.

Cuando uno desciende –o asciende: tanto vale– a ese desprendimiento, se produce un estado excepcional de suspensión o cese. El tiempo entonces carece de duración y sentido. Todo queda parado, interrumpido; se suspende cuanto hasta ese momento ocupaba la conciencia y nuestro pensamiento. Algo parecido ha sucedido cuando en una hornacina dorada hemos visto la talla de un cristo crucificado. No la conocía. O no la recordaba, pese a que no es la primera vez que visitamos esta parroquia. Tampoco conocía el nombre del imaginero que la labró, José Puchol Rubio. ¿Cuándo vivió este Puchol? La contemplación de una obra de arte puede mover nuestra interioridad hasta infundir ese mismo estado de suspensión. Difícilmente podrán deslindarse vivencia estética y vivencia religiosa. Pero, ante este Cristo, contra todo pronóstico, me he sorprendido rezando. Me he acordado después de aquellos versos de «Con el Cristo», de Juan Gil-Albert:

Te sacudías
lo accesorio como hace con sus plumas
el ave cuando llueve. Sólo queda el volar.

En la capilla, la mujer continúa limpiando. A mano izquierda, hay una puerta medio abierta. ¡Cuánto nos fascinan las puertas medio abiertas! La curiosidad es insaciable, siempre desea saber más, cruzar al otro lado.

—¿Podríamos ver ahí? —señalo al umbral.

—¡Adelante, adelante! No faltaría más —mientras friega nos invita con una voz viva y briosa—. Aunque no hay mucho que ver.

Dentro, efectivamente, hay poco que ver. Pero esa escasez nos parece conveniente y buena. En el cuarto, no muy grande, solamente hay una mesa oscura y una silla vieja. Sobre la mesa, un cuaderno de canutillo algo combo por la humedad y un bolígrafo de tinta roja. Aunque lo que más importa no es esa mesa ni esa silla, sino la luz del sol que entra por la ventana. Una ventana traslúcida cuyo cristal parece un pergamino que transmite su mansedumbre a las desconchadas paredes. Imagino que, con la puerta cerrada, este rincón sería el mejor lugar para el rezo. Salimos, y la mujer ahora lustra el altar con un trapo.

—Es bonita la sacristía de la capilla —le digo a la limpiadora.

Deja quieto el paño y nos mira con incredulidad.

—Si usted lo dice... —y mientras hace una pausa, sigue observándonos—. La que sí es preciosa es la sacristía de la iglesia —asevera, categórica, dudando indisimuladamente de mi juicio.

—Y el Cristo crucificado de allá es impresionante —añado, sabiendo que al menos en este punto los dos estaremos de acuerdo.

—¿A que sí? ¡El Cristo del Consuelo! Ese sí es una preciosidad —dice animada—. Si tiene luz ahora, es gracias a mí.

—Está bien deberle la luz a alguien —bromeo, y me acuerdo de las luces de emergencia del coche policial—. Por cierto, ¿sabe qué ha sucedido? Había un hombre detenido y varios policías junto a la entrada de la iglesia.

—Ah, no será nada, son controles que ellos hacen de vez en cuando —comenta con los brazos en jarra, igual que los policías. A continuación, con gesto cómplice, bajando la voz, agrega—: Aquí una vez, estando yo sola, entraron a robar... Estaba como hoy, limpiando, y oí unos ruidos... Qué raro, Águeda, me dije, y me paré, a ver si volvían a oírse esos ruidos tan anormales.

—¿Y qué pasó?

—Pues que sí había alguien, un hombre que se llevaba el cáliz. ¡Dios, qué miedo! ¿Y qué vas a hacer, Águeda, me decía? Lo que hice fue salir pitando y encerrarlo con llave en la iglesia. Llamé a mi marido y fui a una farmacia que hay cerca, y allí avisaron a la policía. ¡Uf, menudo susto!

Se emociona, eleva la voz según avanza en su relato, y ya se explica como si estuviésemos fuera, al aire libre, sentados en un banco de la plaza, o como antes tronaban los curas para hacerse escuchar, cuando aún no existía la megafonía. Cada vez se desdobla más repitiendo su nombre. Y seguidamente prosigue:

—Al abrir la puerta, el ladrón me empujó con mucha fuerza, y del golpe que sufrí se me rompió un hueso del hombro. Entre mi marido y un vecino lo redujeron, hasta que por fin vino la policía. ¡Qué miedo!

Pero Águeda no parece persona miedosa, sino resolutiva y de temple brioso. Es una mujer vivaracha, de ojos pilluelos. Cuenta su historia con una mezcla de pasión y jovial ironía. El ladrón no tuvo suerte coincidiendo con ella.

—¿Y cómo quedó la cosa? —preguntamos por preguntar.

—¿Cómo iba a quedar? La policía se lo llevó. Y para más inri, el pobre hacía sólo un rato que acababa de salir de la comisaría.

—Qué mala suerte. Al calabozo y sin cáliz.

—Mala suerte para los dos, no crean: para él y para

mi hombro, que luego me estuvo castigando durante un buen tiempo.

Tras nuestra charla, nos invita a visitar la sacristía de la iglesia, cuya planta octogonal, su cúpula, la fuente de mármol rojo y la excelente cajonería, comparadas con el tabuco de la capilla, resultan realmente fastuosas.

Cerca del puente Viejo, en la calle Río, tres hombres de edad charlan a voz en grito en la terraza del bar donde vamos a comer. La política aún los desasosiega pese a lo mucho que ya han vivido. Por la puerta abierta, su alboroto se cuela hasta el interior, donde esperamos a que nos sirvan la ensalada y el pollo a la cerveza que hemos pedido hace ya un rato. Miramos el local distraídos, un poco hambrientos. Llevamos más de media hora oyendo el runrún de las discusiones sin probar bocado, pese a que sólo hay ocupadas unas cuantas mesas. Nos preguntamos qué serán las palabras que vemos escritas en el cristal de una ventana: *Semper prevaluit ensis vester*.

—Es el lema de Orihuela —explica el camarero—: «Siempre prevaleció vuestra espada». Ya casi está listo. En cinco minutos les sirvo la comida.

Me quedo pensativo, estimando esas cuatro palabras grabadas en el cristal. Como lema, no son gran cosa. Poseen esa solemnidad algo pomposa y lapidaria del latín, pero no dejan de inspirar una épica de calderilla bastante ingenua. Incluso los que vociferan ahí afuera, en la terraza, a ciencia cierta proclamarían que no es la espada sino el tiempo —el tiempo, fugitivo— la única realidad que *siempre* prevalece.

MONFORTE DEL CID
(viernes 16 de febrero de 2024)

Desde Aspe, de camino a Monforte del Cid, la belleza del cielo se agranda. La bóveda celeste es uno de los últimos reductos de belleza a salvo de los hombres. Aunque a estas alturas puede que ésta también sea una afirmación ingenua: cada vez es más habitual ver el firmamento arañado —enmarañado a veces— por las estelas blancas y firmes de los aviones. En la infancia los cielos eran otra cosa.

Un arcoíris flota sobre Monforte. Mientras recorre los campos resecos y agrietados, el coche parece dirigirse a ese prisma aéreo. Aún quedan en pie casas viejas con tapias de piedras y de barro, ruinas de paredes junto a olivos y oscuras caligrafías de vides.

Poco después del amanecer, ha caído una lluvia levísima y breve, en medio de esta prolongada sequía. No obstante, esas gotas escasas han servido para limpiar el aire. No dejan de sucederse nubes excepcionalmente hermosas en el frío matinal. Grandes cúmulos de bordes blancos y brillantes. La imagen del pueblo al fondo, con la torre de la iglesia sobre un montículo, remite a otros días, a horas más lentas, muy distintas del tiempo líquido de ahora.

En la parte antigua, el ambiente de Monforte es más silencioso. Todo parece estar adormecido, aletargado, quieto; tanto, que cuando después volvemos hacia el coche a las dos de la tarde las calles están desiertas, como si el pueblo entero hubiera sufrido un abandono o viviera en una siesta perenne. Junto a un portal, dos mujeres hablan en voz baja, comparten confidencias. Saben que las ventanas escuchan; puede que también las puertas. Aunque estén cerradas.

Hay hornacinas con azulejos de santos e imágenes piadosas. En una de ellas, enmarcado por una moldura de obra pintada de añil, un anciano venerable escribe pacientemente sobre un voluminoso infolio. Está sentado junto a un león, al pie de un árbol. Los dos comunican una sensación mansa y apacible, situada igualmente en épocas pretéritas. La composición cromática, con azules, verdes, marrones y un agradable amarillo Nápoles, resulta armoniosa. Por si aún cupiese alguna duda, debajo de la escena unas bonitas letras azules dicen: «San Marcos Evangelista».

Hay también una panadería sin rótulos exteriores que parece una casa. Y caserones de paramentos agrietados y ventanas con grandes rejas ventrudas y herrumbrosas.

Es grato andar envueltos por el sol y el viento fresco. Produce una honda sensación de vida. De vida candente, que, con especial intensidad, se pronuncia dentro de nosotros y en silencio. Como si el cuerpo fuera el abrigo de un tesoro oculto.

Delante, sobre un cerro, está la iglesia de Nuestra Señora de las Nieves. Toda la fachada destella bajo el sol, lavado por la lluvia. Al subir la escalinata que conduce a la explanada donde se erige el templo, una pequeña planta llama nuestra atención, como antes la vastedad del cielo por la carretera. Es una de esas plantitas comunes de las que nadie conoce el nombre. Ha crecido en un ángulo entre dos escalones, solitaria en ese espacio muerto, verde y con un par de florecitas blancas.

La iglesia está cerrada, y la explanada desierta, ante el paisaje de tejados alabeados y viejas chimeneas que la circundan. Tal vez el nombre de Monforte esté relacionado con esta modesta elevación, este cerrito que se convertiría en un *monte* fortificado mediante un desaparecido baluarte o defensa. A saber lo que esconde el tiempo. Un joven sube y se sienta al sol, sobre uno de los peldaños que dan a la iglesia. Tras las edificaciones nuevas asoman unos altozanos y cerros que transmiten una impresión de antigüedad caliza, de una historia mineral y olvidada de milenios. Un pino grande e inclinado se apoya sobre un soporte metálico, como un anciano en su bastón.

Muchas calles de la villa antigua miran a la iglesia. Encontramos un museo arqueológico con las puertas abiertas. Parece estar vacío. Es un lugar sencillo, muy cuidado. Casi todos los vestigios expuestos fueron hallados en las inmediaciones del río Vinalopó, incluidos los procedentes de una villa romana. La mujer que recibe a los visitantes del museo nos saluda con cierto gesto de extrañeza, como si no estuviera acostumbrada a recibir demasiadas visitas. Es una mujer de edad mediana, pelo oscuro y tez morena. Siempre he sentido envidia de trabajos como el suyo, que dan tiempo para leer, para hacer crucigramas o ganchillo, o bien para filosofar sobre cualquier asunto. Es amable, nos facilita alguna información sobre este sitio y luego retrocede a su rincón, como dudando de si debe hacer o decir algo más. Los dos grandes aros dorados que cuelgan de sus lóbulos son similares a los que custodian las vitrinas de esta y de tantas otras salas arqueológicas. En el cuello, en los dedos y en las orejas de muchas mujeres he visto las mismas preseas, los mismos anillos, aros, arracadas, zarzillos y colgantes milenarios que exhiben estos museos; sobre todo los he reconocido en la piel atezada de las gitanas, que tan bien lucen el oro. Parece que, como las jarras y los platos, las alhajas encontraron la perfección de su diseño hace muchos siglos.

Entre todas las piezas de la colección, emociona contemplar una jarrita amarillenta, intacta en su fragilidad, de una finura muy estilizada y hermosa. Destaca también un pequeño toro de bronce, un exvoto que alguien –¿quién?– ofrendó pidiendo algún favor, o agradeciendo un bien recibido. Causa cierto estupor descifrar la mudez final de tantos afanes.

Pero, sobre todos estos tesoros, descuella la escultura blanquecina, en piedra caliza, de un gran toro en reposo, echado en posición sedente sobre sus patas recogidas. Cautiva la esencialidad de esos volúmenes, su silenciosa concentración, como si, más que en el suelo, el animal reposara sobre la tierra oculta e incógnita del trasmundo. El toro de Monforte compendia en su figura esa sensación de tiempo muy lejano de los montes y collados que rodean este pueblo. Cuando llevábamos un rato admirándolo, los focos que lo iluminan han empezado a cambiar de color y a arrojar dibujos de llamas ondeando y de siluetas increíbles, lo mismo que en una discoteca, o como si hubiesen puesto al animal en el fuego del infierno. Así no hay ya manera de concentrarse. Conviene, pues, despedirse de la escultura y volver a la luz de este viernes del año 2024.

En torno al mercado municipal hay una jovial animación de gente. Entre las paredes de esta plaza, alicatadas con azulejos blancos, uno se siente llevado más de medio siglo atrás, a otros mercados de la niñez. Contenta ver a los clientes hablando desenfadadamente con los vendedores, los géneros sobre los mármoles blancos de los puestos. Ya se sabe: la vida.

Dos gitanas tocadas con altísimos moños se abrazan. Se las ve emocionadas. Su abrazo es una escena bonita. La verticalidad de esos rodetes es toda una ostentación de vigor y empuje. Compramos unas empanadillas y paseamos otra vez por la explanada de la iglesia. El joven sentado al sol se marcha. Sopla un viento algo frío que resalta la soledad del lugar.

La biblioteca del pueblo se halla en la calle Juan de la Torre. Su quietud contrasta con la actividad bulliciosa del mercado. Es un antiguo caserón, un edificio noble de dos alturas, con la fachada encalada y sillares en la planta baja. Resulta un sitio espacioso y agradable, bien iluminado, donde se está a gusto. Como todas las bibliotecas poco concurridas, este rincón suscita una sensación serena. El silencio de las bibliotecas solitarias es contagioso. Su densidad no tarda en ajustar el ánimo y fijar la atención, que parece regresar a un territorio propicio; nos traslada a ese «reino de juventud» que llamaba Gil de Biedma al placer del pensamiento: tanto tiempo hacía que no nos sentábamos a leer en un lugar así.

Aparte de las mesas de lectura, junto a una pared reposa un sofá blanco ante una mesilla del mismo color, al lado de unas grandes bocas de tinajas que, protegidas por un grueso cristal, adornan el suelo. En una estantería se exponen docenas de libros sobre el marino e ingeniero naval Jorge Juan Santacilia, bautizado en Monforte. Sin embargo, Novelda, pueblo vecino, disputa su nacimiento con Monforte, como las aldeas manchegas que defienden ser la cuna de don Quijote.

Aquí estamos una hora y media. De la calle, por la ventana, de vez en cuando llega el eco de una voz o el tronido del motor de algún vehículo. En la sala principal únicamente estudian sus papeles un muchacho endeble y enjuto, un tipo de edad mediana de aspecto clerical, con gafas y jersey de pico sobre una camiseta, y un joven gordísimo, cuyos glúteos desbordan ampliamente la superficie de la silla sobre la que ha tomado asiento.

Nadie más, sólo tres personas... Las bibliotecas, lo mismo que tantos museos, espacios de exposiciones y jardines, constituyen el refugio de una minoría. Figuran, sin duda, entre las más refinadas conquistas de la sociedad y son un lujo del que, en el fondo, a más de un político le gustaría prescindir. Una biblioteca pública es lo más parecido al gabinete atestado de volúmenes que honraba las mansiones de los poderosos y pudientes selectos e ilustrados. Pero en estos días bárbaros y digitales, donde las humanidades y las letras cada vez importan menos, una biblioteca también se parece más a un anacronismo, como los poemas. Por eso es un logro social y un lujo de los pueblos.

Poco antes de marcharnos, echo un vistazo a las distintas secciones, incluida la de los libros de poesía. Entre ellos, veo el lomito de uno que escribí hace muchos años. Como en la mayoría de los lugares, en Monforte la presencia de la poesía es modesta. Suficiente, con todo, para que alguien pueda comenzar a ver. ¿Qué adolescente, qué joven contemplativo, amigo del silencio, hallará el hechizo de la vida y el mundo transfigurados en alguna de esas páginas? Quién sabe, todo es posible.

Es la hora de comer. De vuelta al coche, por las calles vacías, pasamos junto a un viejo local. Parece un almacén abandonado, con los muros desconchados y churretosos. En la fachada principal se dibuja la sombra oblicua de una farola, como la de un reloj de sol. Es una pared con grietas, amplia y desnuda. Bajo un saliente, en grandes letras de cemento, se lee «Cinema Ibamir». Cuando salimos de Monforte, pienso en lo evocadora que es esa palabra, «cinema», mudo testimonio de otra época.

LA MARINA
(lunes, 19 de febrero de 2024)

Cuando uno vivía en Alicante, siendo un muchacho, aprovechaba que la estación de autobuses estaba muy cerca de su casa. Cada poco, sobre todo en primavera y en otoño, tomaba el autocar que por la N-332 marchaba a Cartagena. Tras pasar entre los vastos espejos que forman los estanques de unas salinas, la carretera alcanzaba las casas de La Marina y, desde allí, descendía yo gozoso hacia el mar, de un azul intenso tras la masa de los pinos. Aquel reencuentro era como recobrar una libertad primigenia, algo parecido a la euforia de los perros urbanos cuando retornan a la naturaleza.

Por entonces La Marina no tendría ni la mitad de los poco más de dos mil habitantes de ahora. Era un paraje plácido, con un aire agrario todavía. En primavera coincidían el olor del salitre y el del azahar, el de la tierra y los algarrobos. Había un no sé qué refinado en el hecho de andar ante esa cercanía del Mediterráneo, junto a los limoneros y las cañas con las que se guiaban las tomateras. La extensa playa silvestre, por el oeste, llega a la desembocadura del río Segura, en Guardamar, mientras que por el este conduce a Santa Pola, que es a donde mis pasos me llevaban. Aún conservo en un cajón pequeñas conchas de aquellos largos paseos.

No deja de resultar extraño que exista una biblioteca en La Marina. Porque uno siempre ha asociado esta pedanía del sur de Elche a unos cuantos huertos familiares, a los pinos, las dunas, el aire libre, el mar y la inmensidad de cielos perfectos. Nada, pues, que en principio guarde relación con el refugio del papel y la tinta de los libros. La acción del viento y de las olas evoca la condición volátil y mudable de todas las cosas, habla de la renovación continua de los seres y de su retorno al olvido. El viento y las olas traen más viento y olas, pero no palabras. Revelan el silencio en que sucede cuanto nos rodea, cuanto oímos, tocamos o vemos. Un silencio previo al lenguaje y a los textos impresos.

Eso es lo que el niño y el adolescente que fui aprendió de aquel mar y de aquella arena: que, durante el fugitivo curso de su existencia, cada realidad flota sobre su propia nada, sometida a una permanente alteración y despedida. Todo se transforma. Sin cesar, incansablemente. Las formas cambian, como varía el color del mar, como se trasladan las dunas y ruedan las olas. Cambian, desde luego, pero nunca se alejan del mundo, puesto que son mundo, y nunca abandonan su intrínseca nada. Mucho es lo que he aprendido de la mudanza —y de la hermandad— de la arena y de las olas; más que lo asimilado de los libros. Y mucho es lo que debo a la contemplación de la arena, a la infinidad de ocasiones en que la he observado desplazarse a mis pies sobre su propia superficie, traída por el viento, en finas capas doradas que se internan en el mar; o desprenderse en hilos sutiles entre mis dedos. Diríase que la arena revela el carácter líquido de la naturaleza: como el agua, carece de forma.

A las diez, esta mañana unos aspersores riegan mansamente el jardín próximo a la parroquia. El sol enciende los vaporosos chorros blancos del agua pulverizada, entre los que a veces aparece el iris de la luz descompuesta cerca de la tierra. Ese rocío del agua esparciéndose sobre el verdor lustroso de las plantas es, como las fuentes, uno de los emblemas más excelsos de la civilizada cotidianidad. Es un espectáculo agradable: las cortinillas del riego ondulando entre los bancos vacíos. Las gentes trabajan, ambicionan, trajinan con sus afanes, y en este pequeño jardín, en cambio, el agua sencillamente se volatiliza bajo el sol matinal, flota en mínimas gotas. Es una excepción, un paréntesis entre el tiempo de los relojes y las briegas.

Completamente encalada y flanqueada por una tímida torrecita, la parroquia parece más una ermita campesina. El templo está consagrado bajo la advocación de san Francisco de Asís. Sobre la puerta cerrada, en una hornacina, aparece la imagen del santo *poverello* con su sayal marrón. Es una escultura polícroma no muy grande y algo candorosa. En la mano izquierda, que tiende abierta, sostiene una golondrina, y de su palma cuelgan las cuentas de un rosario, largo como el cordón claro que le ciñe la cintura. Todo tiene un bonito aire rural. Antes de entrar en la biblioteca, que se halla detrás, miramos un rato el dibujo oscuro y preciso de las hojas de los pinos en la blancura despejada de la iglesia.

El edificio que alberga la biblioteca es de un diseño utilitario, sin pretensiones, de tipo municipal. Cuando llegamos, nos saluda la limpiadora, vestida con una bata azulada. Sonríe, mientras pasa el mocho por el suelo, como adecentando con sus quehaceres estas primeras horas de la mañana. Es otro signo de la perfección de los pueblos: el esmero cuidadoso, el adecentamiento.

Con nosotros, entra el sol por la puerta abierta, se espeja sobre el piso recién fregado. No hay nadie más aquí, el sol en el umbral y la encargada, ocupada en ordenar y colocar un montón de volúmenes para niños, situados en un margen de la única sala. Hacía tiempo que no veía ese divertido abigarramiento de colores vivos y brillantes, impresos en amplios formatos de cartón y tapa dura. Supongo que, entre los adultos, lo equivalente a estas publicaciones coloristas son las revistas del corazón, esa abigarrada balumba de papel cuché.

Todas las luces están encendidas. Por las ventanas, sin embargo, entra el sol a raudales, como por la puerta, que permanece abierta. Salvo los infantiles, no hay muchos libros, quizá no más que en nuestra casa. Con diferencia, los más numerosos son las novelas, que acaso sean las lecturas estivales de algunos turistas, aunque un turista lector suele llevar sus propios libros, escogidos de antemano. El que ahora leo, en cambio, no es una novela, sino un ensayo, *Manual de escapología*, subtitulado *Teoría y práctica de la huida del mundo*, del escritor Antonio Pau, intelectual abarcador de vasta cultura enciclopédica, traductor, además de jurista.

Los muchos libros y saberes de este ensayista acaso podrían sumar varias bibliotecas. De él conocíamos un texto sobre Tánger, ciudad donde transcurrió su infancia, alguna traducción, también una biografía de Rilke. En este manual Pau acuña un nuevo término, «escapología». Resulta fascinante esa creación de neologismos que tratan de matizar la realidad desvelando vertientes suyas inéditas o desapercibidas. La escapología, como su composición indica, sería el estudio de las formas de evadirse del medio social, que es a lo que ordinariamente todos nos referimos cuando hablamos de la «huida del mundo». Los individuos comunes tienden a identificar el mundo con la gente, con la sociedad; por el contrario, para algunos solitarios que escapan de ella, el mundo es el mundo a solas, al margen de la convivencia siempre problemática y espinosa con los hombres. Pau rastrea diferentes modos de huida, desde la que practicaron los eremíticos padres del desierto a la de los *hippies*, pasando por la marcha al *locus amoenus*, el sosiego de la aldea o la thoureauniana soledad del bosque, entre otras más, como la simple reclusión entre las paredes de una estancia, o las drogas.

A lo largo de su vida, uno ha conocido a algunos de estos espíritus fugitivos. Pero lo que a menudo buscaban en su deserción era un ensueño, una quimera más inhóspita, al cabo, que el lugar –casi siempre la ciudad– que abandonaron. Y, no obstante, de un modo u otro, todos, señala Pau, fantaseamos o hemos fantaseado con huir. Nosotros dos, Bárbara y yo, lo hicimos en su día yéndonos un par de años a un pueblecito de la montaña. Fue una buena experiencia. Pero, más que la evasión física, todos necesitamos la huida a otros mundos, una huida compatible con las limitaciones y requisitos del vivir cotidiano. Necesitamos universos añadidos, alternativos, no sólo porque las ciudades se hayan convertido en desapacibles jaulas gigantescas, o porque hayamos creado una selva –una sociedad– laberíntica y ruidosa, sino porque, a la larga, la costumbre, la repetición de lo mismo, como a don Quijote, nos abruma. Nos pesa. Para muchos, la costumbre es otra jaula invisible, frente a la cual sólo cabe encontrar una salida igualmente invisible. Y esa salida es la ficción, la mentira verosímil pero fingida de los relatos y narraciones. Por eso en esta y en todas las bibliotecas del mundo la sección más abundante es la de las fabulaciones y las novelas. Aunque haya otras formas de ficción minoritaria, como tantos libros de filosofía: nunca dejamos atrás los cuentos. «Opiniones de los mortales, juguetes de niños», decía Heráclito.

Echo otro vistazo al batiburrillo cromático de los libros infantiles que la bibliotecaria sigue ordenando pacientemente. Contemplo el haz de sol que cae al suelo desde la puerta. Acaba de entrar una muchacha y se ha sentado frente a nosotros para estudiar sus papeles. Es joven y bonita, y esos papeles que repasa probablemente serán un camino hacia el futuro despejado que tiene por delante.

Nos marchamos a pasear un rato por la playa. Al salir, leemos el nombre de la biblioteca, «Biblioteca Rafael Navarro». No llegamos a conocer a este Rafael Navarro, archivero y bibliotecario de Elche; apenas hubo algún esporádico saludo. Seguramente merecería este sencillo homenaje. Uno piensa en los nombres que se da a calles, plazas o jardines, y ha experimentado el contento de hallar el de alguien a quien admira o el de alguna amistad en un lugar público. Pero uno fantasea con otras posibilidades. Por ejemplo, habría estado bien preguntarle cómo se llama a la señora limpiadora, saber cuántos años lleva pasando la fregona por estos suelos, decirle lo precioso que es que cada mañana los friegue y bruña mientras el sol temprano se refleja en ellos. Decirle que, sólo por ese trabajo, esta biblioteca llevará su nombre. Aunque sea compartiéndolo. Sería una interesante iniciativa.

En la playa hace un día inusualmente caluroso, impropio de febrero. Sopla un viento de terral que arrastra fragmentos de plantas secas hasta la orilla. Nos detenemos ante unas hojas de cardo, cuyas sombras trazan una silueta de trazo preciso y exacto en la arena. Más adelante, observamos las huellas de unos pies descalzos. La hilera de huellas pronto se interrumpe, borrada por las olas.

CALLOSA DE SEGURA
(miércoles, 28 de febrero de 2024)

Remontado el Portichuelo de Cox, donde se asienta un pequeño castillo, aparecen las primeras casas de Callosa de Segura. Son viviendas pobres de una sola planta. Todas fueron construidas pegadas a las laderas de la escarpada mole de la sierra, que se alza de forma abrupta en medio de la anchurosa huerta de la Vega Baja del Segura.

Forman todas esas casitas una larga ristra, como buscando el abrigo del flanco sur de la montaña. Sosiega caminar junto a estos portales, anegados de sol en las mañanas de invierno. A todo pulmón cantan verderones y canarios en sus jaulas, entre las numerosas macetas de geranios, entre lirios, jazmines y rosas y ropas tendidas. Y, mientras anda y escucha y mira, uno no puede sino pensar en esta parca exquisitez de la pobreza. No hay mayor regalo que quepa esperar. En rincones como este pervive ese poco que basta para sentir el contento de los humildes.

En su estación de ferrocarril, una plaquita informa de que Callosa se halla a sólo dieciséis metros sobre el nivel del mar. La peñascosa elevación de su sierra aparece, pues, ante los ojos del que llega a este pueblo como una masa irreal de piedra caliza, que desde lejos cobra un tono azulado, con la forma de un colosal buque invertido.

Hoy es miércoles, día de mercadillo, y una ebullición de gentes sube y baja por todas las calles, peatonalizadas para la ocasión con puestos de todo tipo de géneros. Visto desde cierta altura, el apretado ir y venir de vecinos y curiosos produce el mismo efecto que un hormiguero bajo la luz granulada de esta hora. Un hormiguero de zoco árabe, pues son miles los emigrantes de Marruecos que figuran entre los casi veinte mil habitantes de Callosa de Segura. Son muchos los grupos de mujeres vestidas con abayas, chilabas y túnicas, igual que en su país de origen. La ropa es la prueba más visible e inmediata de que el mundo es una representación, como decía un célebre filósofo alemán.

Aquí, durante las mañanas de los miércoles, se hace mucha más vida en las calles. En algunas de ellas conviven las emanaciones pestilentes del alcantarillado, el aroma del primer azahar y los olores de la muchedumbre, de los tejidos y cueros y verduras de los puestos. Desde la esquina de su mirador, al que se ha asomado, un jubilado de aspecto enfermizo conversa un rato con una mujer mientras ella limpia la barandilla del balcón contiguo, en el primer piso. Hablan a voces, pese a que están tan cerca que podrían darse la mano. Él lleva una bata granate sobre su pijama azul. Llama la atención la lividez de su rostro, de una palidez cerosa igual que la de los muertos.

—No sé, no sé. Es que no me entra nada.

—Verás que sí, hombre. ¡Claro que sí! Dentro de poco te comerás un pollo entero.

Él calla, la mira incrédulo, con un estatismo extraño, como un ser fantasmal que ha sido arrojado a la intemperie cegadora de la mañana. A saber si algún día llegará a comerse, al menos, un muslo de ese pollo supuesto. Ojalá.

En la calle Cervantes pasamos junto al patio de un colegio, y también junto a una zapatería. Entramos. Todo el comercio despide el olor denso de las gomas, cueros, lonas y plásticos del calzado, que se expone en largas filas o encima del cartón de las cajas. Mientras la dependienta, una mujer con el pelo recogido, alta y risueña, atiende a una señora mayor, echamos una ojeada. La visión de tanto calzado alineado —botas de altas cañas, zapatillas, botines, sandalias, escarpines— y tan diverso —sobrio, monjil, de suela llana, con interminables tacones puntiagudos, con escotes pronunciados, de punteras abiertas, con rutilancias de lentejuelas— parece sacada de un sueño. Uno piensa en las docenas de pies que andarán con ellos. También siente una especie de vertiginosa orfandad, de vacío; se acuerda de esas fotografías con los montones hacinados de los zapatos de Auschwitz. La imaginación es así de traicionera. Después de muchas dudas e infinidad de preguntas y pruebas, la señora se marcha sin ninguna compra.

—¡No pasa nada! ¡Otra vez será! Adiós, guapísima —la despide la vendedora, pasándole el brazo por el hombro y estampándole en las mejillas dos sonoros besos, mientras a continuación nos mira sonriendo—. Decidme, cariños, ¿qué buscáis?

Y con cada par de muestras que trae de la trastienda, regala una sonrisa y un «Toma, cariño», o un «Podría pedírtelos, cielo»; o «Estos te van a sentar como un guante, corazón», «Tienes el pie muy fino, prenda, amor». Y así, *in crescendo*. Hasta que salimos con un par de botines y nos dedica un «Adiós, mis amores», que nos deja más que radiantes y satisfechos. Aunque no hemos sido agraciados con esa ración de besos.

Al salir de la zapatería, miramos por última vez el escaparate, con un punto de nostalgia. Como tantas otras, no tardará en desaparecer esta tienda.

—Esta lleva abierta cuarenta y ocho años, pero cerrará de aquí a unos meses. Es una pena. Están desapareciendo muchas. Aquí en Callosa, dentro de poco Bambino y Éboli echarán el cierre definitivo. ¡Hasta la Carmelitana de Orihuela! —la dependienta comentaba con gesto resignado—. Esto ya no es lo mismo.

En efecto. Ante el calzado y los bolsos que sus manos han dispuesto pacientemente tras el cristal del escaparate, pensamos que, desde luego, no será lo mismo. En estos viejos comercios con olor a pieles, telas y goma, se calzaban, se vestían y compraban sus paños y aderezos otras generaciones casi extinguidas. Puede que por tal razón esta mujer tan halagadora y cariñosa se despidiera de la anciana con un par de besos: era como besar otro tiempo. Todos esos agasajos, esos apelativos familiares y afectuosos, no obedecen solamente a una facilona adulación comercial, sino que también expresan un universo emocional y un tipo de relación basada en la afabilidad y en la cercanía, muy propias de esta comarca.

Uno disfruta andando por las calles tranquilas de Callosa y de los pueblos aledaños. Muchas son las mañanas en que, desde Elche, he bajado del tren con la bicicleta para ir pedaleando desde aquí hasta Cox, donde estos últimos años he dado mis clases de lengua y literatura. Allí me he despedido de la enseñanza. Me gustaba salir por la puerta que da a los andenes y encontrar delante la perspectiva del Paseo de la Estación, los naranjos con su nota de verdor en las dos aceras y, más allá, la imponente solidez de la sierra. Me complacía ver a las gentes desde el sillín, pasar por los sembrados de las huertas, observar los cultivos propios de cada estación del año, las espaldas arqueadas de los hombres inclinados con sus azadas sobre la tierra, o bien sentados en alguna silla desvencijada al pie de una morera solitaria.

Todo aquello venía a ser un esparcimiento, un imprevisto anclaje en el mundo, y un reencuentro con lo más inmediato de la vida: el aire libre, los olores del humus y aun el del estiércol, el frío temprano de las mañanas y el calor pegadizo bajo la luz deslumbrante durante el regreso, ante el macizo rocoso de la montaña; o tomar un café en cierta plaza, la compra de unas tortas de pan o unos dulces en algún horno... Cuanto de camino, de paso, en fin, como una dádiva, nos conceden las servidumbres del trabajo, para mostrarnos todo un arte de vivir, oculto tras los madrugones y las tercas insistencias de la rutina. En una carta, un conocido que no llevaba mucho jubilado, me confesó que echaba de menos las vacaciones y los fines de semana. Supongo que se referiría también a estos placeres invisibles, sin relieve.

Cerca de la zapatería, en una esquina de la misma calle, pasamos junto a la cúpula azul y la escueta espadaña de la ermita del Rosario, a pocos metros del edificio de la biblioteca, que recibe el nombre del poeta local Francisco Salinas. Este Salinas fue, como Miguel Hernández, hombre de formación autodidacta. Sobrellevó una vida de privaciones con el oficio de barbero. Seguramente pocos lo conocerán o lo habrán leído mucho más allá de Callosa. De él me hablaba hace muchos años Manuel Molina, otro poeta de por aquí que ya apenas ninguno recuerda. Más pronto o más tarde, tal es el inevitable destino de todos, ocupen el puesto que ocupen en esa ridiculez de los escalafones: el olvido. Es un proceso necesario, forma parte del orden natural de las cosas. Pero bien está que le hayan puesto ese nombre a esta biblioteca.

Mientras tanto, seguiremos acordándonos de aquel amigo homónimo de Fray Luis de León, el organista ciego Francisco Salinas, cuyas cadencias inspiraron la creación de la «Oda a Salinas», uno de los poemas cimeros de la literatura castellana. En él Fray Luis habla de otra aspiración natural de los seres humanos: el anhelo de fundirse con lo absoluto —en este caso, la música de las esferas—, más allá de los afanes de este mundo nuestro de mezquindades y de las limitaciones de la existencia.

Aunque el diseño de su fachada resulte tradicional —con ese estilo vagamente clasicista y ecléctico de principios del pasado siglo—, el edificio es de construcción reciente. Es una obra espaciosa, y en sus plantas más bajas también alberga los fondos del museo arqueológico. Nos hemos sentado a leer un rato en una de sus salas. Enfrente, una muchacha no deja de teclear en un ordenador portátil con una aplicación tenaz e industriosa. Insidiosamente, ese sonsonete mecánico se ha impuesto al silencio intemporal que hasta ayer prevalecía en estos lugares. Era aquel un silencio previo al actual despotismo tecnológico y su propagación incorpórea; el silencio de donde Maeterlinck afirmaba que nacen las grandes obras; el mismo en el que la atención echa raíces y conversa con las voces sin tiempo en el papel dispuestas.

Levanto la vista de mi libro y descanso unos minutos observando la dilatada perspectiva que forman los lomos de los otros libros, inmóviles en los estantes. La mesa que ocupo se encuentra junto a las obras de religión y teología, y al lado de la sección de ciencias aplicadas, bellas artes y filosofía, cerca también de los anaqueles donde descansan los estudios de ciencias puras. Qué poco sabemos de nada. Una insignificancia –menos que unas gotas– viene a ser cuanto hemos leído. Incluso para quienes se jactan de lo contrario, es exigua la cantidad de lo leído. Aunque, a decir verdad, tampoco importa apenas nada el número.

En cualquier caso, uno se siente muy pequeño, minúsculo, ante la inmensidad que esconde la multitud de textos. Recuerdo ahora las primeras palabras de «La biblioteca de Babel», el cuento de Borges –«El universo (que otros llaman biblioteca)...»–, tan parecidas a aquellas de Ibn Arabi: «El universo es un inmenso libro». Porque, si el libro ha sido un símbolo del mundo, una biblioteca –la Biblioteca– es un compendio del infinito, de todo lo visible e invisible. Una biblioteca es un espejo y una réplica del universo. Esta es la paradoja: que el universo, que no es verbal, para nosotros sin embargo esté formado de palabras. En el conjunto de las bibliotecas se asienta el templo del logos.

Tras esas ringleras de títulos, tras cada uno de todos estos volúmenes, cuántas horas, cuántos días y años empleados. Y cuánto fervor y esfuerzo, cuánto noble empeño en hallar los vocablos más ciertos y precisos, en ampliar los confines del saber, de la exaltación o del pensamiento. ¿Quién no ha soñado alguna vez con trazar unas líneas sugestivas, perdurables, capaces de ensanchar el mundo?

Pero también cuánta esterilidad en tantas de esas páginas, escritas para alcanzar, mayormente, reputación, notoriedad, prestigio, cuando no una posición en las jerarquías intelectuales y académicas. Todo el tiempo ahí invertido daría para varias vidas, mientras se deslizaba entre las manos de los hombres y mujeres que lo gastaron. Qué contraste con quienes fueron espíritus sabios y nunca escribieron nada. No hay, con todo, ninguna imagen de la *vanitas* en estas hiladas de los ejemplares que contemplo; hay, más bien, ramificaciones de un gran árbol muy antiguo y muy alto, del que cada texto y cada biblioteca –por humilde que sea– constituye una parte, una ramita, una hoja más, puesto que los libros presentes dialogan con los libros que los antecedieron y con los venideros; conversan pacífica, pacientemente. A lo largo del tiempo.

Tan pacientemente como la bibliotecaria que aquí se encarga de pegar los tejuelos en esos lomos.

Colocar estos cuadraditos blancos es como pretender poner puertas al campo, porque ya hemos dicho que el conjunto de los libros es una réplica del universo. ¿Cómo etiquetar acertadamente un libro? ¿Cómo rubricar su tejuelo? En muchos casos, qué difícil, casi imposible. Durante un par de años, debí hacerlo en la biblioteca del instituto donde entonces enseñaba. Era una de mis tareas. Como cualquier bibliotecario del mundo, yo seguía los pasos de Melvil Dewey, cuyo sistema de ordenación inspiró la Clasificación Decimal Universal. En el último cuarto del siglo XIX Dewey catalogó los fondos de la biblioteca del centro escolar donde trabajaba. Estableció un método que trataba de incluir en unos pocos números –del 0 al 9– el conjunto de todo el conocimiento, lo que equivale a reducir a unas referencias numéricas el universo conocido. Un sueño pitagórico, casi geométrico, que evoca las galerías hexagonales de las que Borges habla en su cuento.

El 2, por ejemplo, es el número principal asociado a los libros de religión y teología situados a mi izquierda, que luego retoñan en nuevos números: la historia de la iglesia cristiana está cifrada con el 27, mientras que al islam corresponde el 297. El 6 engloba los textos de ciencias aplicadas; y el 1, los de filosofía que hay por la derecha.

Aunque ya digo que no todos los libros son susceptibles de una clasificación clara e indudable, empezando por uno de nuestros pilares religiosos y literarios, la miscelánea de la Biblia; o el *De rerum natura* de Lucrecio, que contiene tanta física como filosofía y poesía. Son dos ejemplos clásicos. De vez en cuando consulto en internet la presencia —o la ausencia— de alguno de los libros que he publicado. Es una tentación narcisista a la que, por su fácil inmediatez, parece raro sustraerse. En esta nueva era digital, muy pocos escritores no habrán sentido la curiosidad de practicar lo que, atinadamente, el inglés denomina *egosurfing*. Cuando, hace unos meses, miré qué había en la red relacionado con *Visita de año nuevo*, me llamó la atención de qué modos tan variopintos los libreros habían considerado ese título:

aparecía clasificado como novela o bien, más genérica-
mente, como ficción. También como filosofía, sociolo-
gía... Y hasta como libro de autoayuda... Sin embargo,
quien lo escribió no lo habría adscrito a ninguna de estas
categorías en concreto. Clasificar es, sí, un ejercicio pro-
blemático, a menudo resbaladizo e inverosímil.

Tras unos minutos más de lectura, visitamos el museo arqueológico, que el conserje debe abrir para nosotros porque, sin visitantes, permanecía cerrado. Abren la
puerta, pues, y encienden las luces. La colección, reducida pero bien expuesta, incluye, principalmente, material
cerámico y restos encontrados en las laderas del castillo
y del monte: colgantes de conchas, punzones y hachas
de piedra, cuchillos de cobre... En una vitrina se exhibe
un pequeño toro argárico de arcilla bastante parecido a
aquel exvoto de Monforte.

Pero, sobre todo lo demás, destaca la rigurosa reproducción de un enterramiento en cista.

Tras un cristal, contemplamos el esqueleto de un individuo tal como fue descubierto, preservado durante
tres milenios por cuatro losas laterales de piedra, que
una quinta cubría. Parece la osamenta de alguien joven,
con el cuerpo ladeado. La cabeza se inclina sobre el pecho, y los codos y las piernas están asimismo recogidos
hacia ese punto central del pecho. Sus dos manos des-

cansan muy cerca de la cabeza. Es la misma posición del durmiente que, desde un principio, desde el comienzo de nuestra especie, todos hemos adoptado para conciliar el sueño; la elegida para que estos huesos regresaran al sueño definitivo, acompañados por el cuenco de cerámica que dejaron entre sus manos. Es la postura con la que cada ser humano, antes del alumbramiento, habitó el útero materno. De modo que el espacio comprendido entre esas cuatro piedras viene a ser una representación tanto del mundo prenatal como del mundo de los sueños. «¿Quién eras tú antes de nacer?», parecen preguntarse. «Te devolvemos a esa oquedad sin tiempo», parece que dijeron. Un retorno es esta tumba; una profanación, la búsqueda arqueológica.

Cuánto amor en cada detalle: en la colocación de las losas, en ese cuenco de barro —esa otra oquedad— entre las manos del difunto. Y cuánto dolor también. Vivimos para vivir. Y para situarnos en la vida tras cada pérdida. Es nuestra gran prueba: la asunción de las pérdidas más próximas, tras las que ninguno seguirá siendo aquel que era. La suma de los años nos ayuda a sentir amistad, e incluso cierta simpatía, hacia nuestra propia muerte, porque la sentimos no sólo natural e incardinada en el cuerpo de la vida, sino por otra parte necesaria. La edad, sin embargo, nunca termina de habituarnos frente a las pérdidas de quienes más queremos.

Antes de marcharnos, miro por última vez la paz de ese sueño guarecido por cuatro losas desde hace tres milenios. Me acuerdo de aquellos mementos representados a lo largo de los siglos, de tantas pinturas medievales y barrocas pobladas de cráneos; de aquellas escenas alegóricas, como la de *El sueño del caballero* que pintó Pereda, o los ascéticos san Jerónimos escribiendo en una cueva junto a la admonitoria compañía de una calavera, y a continuación pienso que todo este edificio, del mismo modo, viene a esconder una imprevista alegoría, una mayúscula representación de la inconsistencia de nuestras obras y la endeblez y brevedad de la existencia: arriba, esos miles de libros, con sus aspiraciones; aquí, debajo, estos huesos, y su mutismo eterno.

Pero el arte funerario es una creación cultural, a menudo al servicio del poder y de ciertos intereses. Por lo general, el arte funerario tiene más relación con el miedo que con la muerte.

Al salir, nos preguntan de dónde venimos. Cuando revelamos que de Elche, los dos conserjes apenas disimulan la decepción en sus gestos de aburrimiento. Acaso hubiera sido oportuna una mentirijilla más emocionante, haberles dicho que venimos de algún lugar lejano, haber multiplicado los veintitantos kilómetros recorridos desde nuestra casa por diez o por cien, para convertir de esta forma nuestra salida en aquello que suele entenderse por un viaje en toda regla. Pero viajar no depende tanto de las distancias como de la mirada y el asombro. No va uno a cansarlos, sin embargo, con observaciones como esta. Aun así, nos regalan unas bolsas de tela con un quintal de papeles turísticos sobre Callosa de Segura, incluidas excursiones por sus alrededores a pie o en bicicleta, recetas de platos huertanos y rutas gastronómicas, con los que no sabemos bien qué hacer.

En las calles, los puestos del mercadillo ya están de retirada. Suenan los golpes metálicos de los tinglados que están desarmando. Por el asfalto y las aceras, diseminados, quedan cartones, plásticos, cajas de zapatos y frutas desechadas. El sol afianza la imperturbable realidad del mundo.

ASPE
(jueves, 14 de marzo de 2024)

Más que por personas, en las primeras horas del día Aspe parece una población habitada por gorriones. Es así en las calles de la zona antigua. Tras cada esquina, asoma el mismo letargo punteado de trinos ante una nueva perspectiva desierta. A veces una mujer sale de algún portal con el carrito de la compra, o alguien pasa fugazmente hacia otra esquina. Pero para el paseante la impresión, sobre todo, es esta de estar a solas, entre los canturreos de los pájaros y unas cuantas macetas. El resto de sus veinte mil habitantes por aquí parece haber desaparecido.

Hoy he venido solo. Hace muchos años que vengo a Aspe a dar paseos. Cerca de Elche, es el lugar que mejor conserva esa calma un poco atemporal y ensimismada de los pueblos.

Aquí hay un pequeño teatro de trazas modernistas –el teatro Wagner–, una sociedad cultural –El Recreo– donde la gente va a charlar y a tomar algo, y un bonito casino de paredes verdosas –el casino Primitivo–, donde los hombres dejan pasar las horas muertas. De noche, el entramado de las calles adormecidas resulta especialmente hermoso. Concentra el ánimo andar bajo el discreto alumbrado de las lámparas y farolas, lo mismo que deambular ahora de aquí para allá, en estos clarores iniciales de la mañana. Es grato ver en las fachadas las sombras de los balaústres y de las tejas de los aleros, y descubrir los nombres singulares de las callejuelas: calles Honda y Las Parras, calle La Coronela, calle Nuncio, calle Electricista Machaco...

Junto a los grandes plátanos de la plaza Mayor están el antiguo ayuntamiento, con sus tres arcos de medio punto, la basílica de Nuestra Señora del Socorro y el casino Primitivo. Seguramente esta plaza se cuenta entre las más bellas de la provincia. De un modo armónico, en su espacio concurren las formas vegetales de los plátanos con el elegante cromatismo de las fachadas. Sentado a una de las mesas, tras el gris claro de los anchos troncos, uno disfruta de todas esas coloraciones: del marrón pálido de la arenisca del ayuntamiento, del verde claro del casino, del color canela de una casona junto al tono asalmonado de la otra contigua... Y, sobre todos, está el matiz de miel de la basílica y sus piedras, que se tiñen del tinte verdoso de las hojas cuando rebrotan.

Bajo estas ramas han transcurrido las vidas de las últimas generaciones de aspenses. Bajo ellas he pasado yo también muchos minutos de mi tiempo. A partir de abril, bulle alrededor el vivir de estas gentes. Y, bajo la bóveda de las frondas, en verano, la plaza se transforma en una suerte de gran estancia. Algo similar a un espacio doméstico, un salón. Aquí he fotografiado a ancianos, a niños jugando, siempre cerca de sus abuelos o de sus madres. Aquí he pasado muchos minutos de lectura, como estos de ahora, en los que tan fácil es levantar la vista y abandonarse mirando, mirando, lo mismo que esos estudiantes distraídos, perezosos, poco aplicados. Y el mero hecho de contemplar todas esas presencias juntas, esos colores y esa vida, íntimamente nos exalta. Leer es también un arte. El arte de perder el tiempo, de saber distraerse y limitarse tan sólo a mirar y a sonreír en los adentros. Entretanto, muchas cosas, las preocupaciones, las noticias temibles, algún que otro pesar o sinsabor, la celeridad perturbadora de las horas; entretanto —decía— hasta uno mismo parece haber quedado atrás, así, a trasmano de todo, un poco olvidado.

Sentado ante un café, concluyo la lectura del libro de poemas que acaba de publicar y mandarme un conocido. Cuántas ilusiones tras esas palabras suyas. Entusiastas, demasiado cargadas de ardores y de epifanías. Le escribiré algunas líneas elogiosas, como todas las que hemos de destinar a los libros cuyos autores nos mandan. Sobre estas cuestiones, si algo ha aprendido uno con los años, es la necesidad de ejercer generosamente la noble ciencia de la diplomacia o el fingimiento, que algunos maquillan mediante ese oxímoron de la «mentira piadosa». Hay que ser tanto o más humildes con los elogios que con las críticas adversas. Lo cierto es que estoy cansado de este juego y de su retórica. Cada vez siento más desgana a la hora de participar en él, ya como lector ya como autor de versos. Nada de envíos, pues, salvo muy contadas excepciones.

Quienes ocupan las otras mesas son, casi todas, mujeres. Prolongan sus conversaciones ante los vasos manchados de café y los platos con migas de pan y servilletas de un papel arrugado. No corre ningún viento y la temperatura es suave e invita a permanecer así, leyendo, prestando atención en torno, plácidamente. Puede que no me mueva y no visite hoy ninguna biblioteca. El camarero va y viene sin cesar de mesa en mesa.

De repente, tras escucharse una violenta caída de escombros, por la otra esquina de la iglesia asoma una nube de polvo que el sol ilumina en el fondo de la plaza. Es polvo procedente de la basílica, donde algunos obreros trabajan en alguna obra. La gente pasa junto a los troncos de los plátanos y bajo esa tierrecilla de la basílica, que flota en el aire suspendida. Uno piensa entonces en lo efímero, y en la pequeñez de los transeúntes entre estos árboles. Aquí nadie me conoce; yo no conozco a nadie. Las sombras de las ramas, que empiezan a verdecer, se proyectan sobre las paredes.

Releo, mientras, la sentencia que ostenta mi sobrecito de azúcar, impresa sobre el blanco del papel en pulcras letras glaucas: «A la cama no te irás sin saber una cosa más». Muy bien, me digo, eso mismo nos decían los mayores a los niños. ¿Qué aprenderemos hoy? Aunque, de todas todas, yo cambiaría ese rancio saber del proverbio por el verbo vivir.

Hoy, por ejemplo, ya podría sentirme más que satisfecho, pese a las pocas horas que llevo levantado. Alguien, algún paremiólogo quizá, habría de escribir una tesis sobre la presencia de refranes, adagios y sentencias más o menos populares o librescos en estos sobres con azúcar. «Filosofía del azucarillo», podría titularla. Así tendría la ocasión de hacer esos recuentos, clasificaciones y comentarios de Perogrullo que tanto se prodigan en el mundo académico. El coleccionismo es una costumbre española de larga tradición, bien arraigada.

El camarero, bandeja en mano, sigue con sus incesantes carreras entre las mesas. Su laboriosidad contrasta con el ocio de los clientes. Estas diferencias siempre han generado en mí cierto malestar. Un puntito de mala conciencia. Incluso cuando trabajaba. «Pero deja que yo apenque y me gane un sueldo», contestaría él, «porque a mí también me gusta que otros me sirvan, y sentarme como tú en una terraza». Yo, que siempre he bromeado con los amigos manifestando mi sueño de rentista, tendré que confesar que, como mucho, nada más he podido dejar de trabajar algunas temporadas, pagando de buen grado, como ahora, antes de la jubilación, ese margen conquistado de tiempo. Pero lo que autorizaba a mis ojos esas etapas ociosas era la realidad ineludible del trabajo. Sin él, hubieran carecido de sentido. El lujo de tales periodos de asueto consistía en que, durante ese intervalo, podía renunciar a ciertos bienes que da el dinero: así como unos pagan por viajar a destinos distantes, por un coche más sofisticado o por una segunda vivienda, yo compraba aquellas horas libres. Ese era mi mayor privilegio. Fue a comienzos del siglo pasado cuando las pensiones de jubilación convirtieron a los mayores en rentistas.

Pero un buen rentista no puede limitarse a leer literatura de azucarillo; levántate, pues, me digo. De modo que reanudo el paseo hacia donde quiera que se localice la biblioteca. Antes estaba muy cerca, en una casa rehabilitada. Ignoro dónde se encontrará ahora.

—¡Uh, está muy lejos! En el barrio de la Coca —me informa una mujer con una bolsa de la que sobresale un manojo de apios. Le he preguntado porque, además de los apios, he intuido que los libros también podrían gustarle–. ¿Vas en coche? –me interroga, pese a que ve que estoy, lo mismo que ella, de pie junto al mercado.

Parece que los veinte mil vecinos de Aspe hayan acudido aquí. Apenas se oyen los pájaros tras las voces. Hoy jueves da la casualidad de que es día de mercadillo, como el miércoles en Callosa. El hervidero de gente es apretado y alegre.

–No, no voy en coche, sino a pie. ¿Tan lejos queda? –le consulto, sorprendido. Puede que me haya considerado un rentista más bien escuálido y poco convincente.

–Lejos, lo que se dice lejos, no muy lejos. Pero hay que andar un rato –explica, no muy precisa.

Me pregunto qué pensamiento pesará más en su concepto de lejanía, si la distancia que hay que recorrer o bien la duración de ese rato.

–¿Más de media hora? –inquiero, a ver si finalmente se precisa un poco más la información.

–No tanto. Quince, o como mucho veinte minutos –aclara riéndose, mientras cambia la bolsa de mano y extiende el brazo libre hacia una esquina del jardín. Y a continuación añade–: Sigue en aquella dirección, hacia la carretera de Alicante, y luego preguntas.

¿Y por dónde parará la carretera de Alicante? Le doy las gracias, encantado de su buen humor, más que de las respuestas. Para corresponderle, iba a señalar al manojo verde de su bolsa y a explicarle cómo preparo yo una deliciosa crema de apios, pero me he limitado a sonreírle. Son enigmáticos todos estos fugacísimos encuentros, únicos en las vidas de las personas. Se parecen a esos efímeros paisajes que uno mira a través del cristal de un coche o de un tren. No son casi nada y sin embargo algunos perduran como un capricho de nuestra memoria.

El mercado es amplio, de aire moruno, con un gran arco neomudéjar de herradura en la entrada. Las supuestas dovelas están pintadas de carmín y blanco y, sobre el arco, se lee «Mercado de abastos» en alongadas letras desiguales de inspiración modernista formando otra curva, y una fecha —MCMXXX— en relieves azulados e igualmente exótica, porque lo más congruente hubiese sido escribirla en cifras arábigas, mejor que en números romanos. Detrás, por la otra puerta del edificio, hay una terraza con mesas entre árboles, donde el timbre sedoso de una voz femenina entona por un altavoz unas cadencias envolventes, jazzísticas. Nadie diría que estamos en un mercado de pueblo. Los acordes suenan entre el calado de luces y sombras, mientras los concurrentes desayunan y conversan bajo la enramada como en uno de esos cuadros de los pintores del impresionismo. También aquí todos parecen rentistas, frente a los que trabajan en los puestos de ropas y calzados de las calles inmediatas. En un espejo apoyado sobre el suelo se refleja el continuo río de la gente que pasa examinando la calidad del género.

Por fin llego al parque de la Coca, tras pasar ante un extenso descampado de matojos, con unas cuantas casas pobres más allá y la chimenea solitaria −semejante a un obelisco− de alguna desaparecida fábrica de ladrillos y tejas. Consulto mi reloj y compruebo que no he tardado más de doce minutos en llegar desde el mercado. Sentados en un banco, charlan tres abuelos, con sus bastones extendidos sobre la arcilla. Detrás, se alza el edificio impolutamente blanco de la biblioteca. Un edificio grande, nuevo, de diseño ordenado y moderno.

El interior es también blanco, espacioso, bruñido, pulcro. Cada rincón despierta una sensación de orden, incluida la escalera que conduce a la sala de lectura, en la primera planta. Al entrar en ella se impone, antes que nada, el panorama y la claridad frontal de una enorme ventana apaisada. Tendrá diez metros de ancho, y más de dos de alto. Las estanterías, lacadas en blanco, el conjunto de las mesas blancas y las sillas −oscuras o de madera clara− sobre el suelo gris, las dos personas que ahora leen en uno y otro extremo, todo queda atrapado por el efecto avasallador del paisaje y la claridad de esa gran ventana, en un contraluz que absorbe muebles y figuras, reducidos a sombras.

Sólo parece existir la realidad imponente de la ventana. Lo demás resulta empequeñecido, casi circunstancial, secundario. Los muebles, de hecho, están situados en las dos orillas, para respetar el plano central y la visión tras los cristales. El efecto es irreal, parece la maqueta de un aeropuerto, o uno de esos escenarios medio oníricos del pintor Edward Hopper. ¿Qué hay en la amplitud abierta de los modernos espacios arquitectónicos? Supongo que la necesidad de alcanzar un orden interior, un despojamiento de tantos ruidos, una esencialidad perdida.

Dentro de ese empequeñecimiento global de enseres, libros y personas, lo primero que se advierte es la insignificancia incluso de la obra mayor entre todas, la que aglutina más papel, tenacidad y conocimientos: la enciclopedia. Lo primero que uno ve a mano derecha son unos anaqueles completamente ocupados por los más de cien gruesos tomos de la *Espasa*, la enciclopedia por antonomasia en lengua española. El nombre completo de la *Espasa* era —es— *Enciclopedia universal ilustrada europeo-americana*, pero quienes la consultábamos la conocíamos por el otro abreviado de su editor, Espasa-Calpe. La recuerdo entre aquellas sombras de cueva medio iluminada de la biblioteca Gabriel Miró de Alicante, que yo frecuentaba durante mis años de estudios filológicos. Allí, en aquellas tinieblas, pegadas desde el suelo hasta aquel techo bajo, sus millones de palabras, sus miles y miles de ilustraciones y de páginas, la regia dimensión de sus volúmenes; aquel soberbio cúmulo, en fin, venía a representar el conocimiento al que cabía aspirar. El saber de la época. Un saber y un mundo que no dejaban de expandirse, y que la *Espasa* trataba de aprehender multiplicándose en abultados apéndices, seguidos de más apéndices.

La pulida amplitud de los espacios arquitectónicos actuales señala la poquedad de nuestros proyectos, y el lugar que ellos ocupan en el mundo. Aquí, en medio de estos techos altos donde me hallo ahora, ante la luminosa holgura de la ventana, hasta la mayor enciclopedia queda —según decíamos— disminuida, y hasta degradada.

Cojo uno de sus tomos, a modo de homenaje a aquellos días de mi juventud alicantina. Hacía muchos años que no reconocía este peso. ¿Quiénes consultarán aún la *Espasa* u otras enciclopedias de papel? Hoy las vemos como testimonios de una época extinguida, casi como piezas de museo. En poco más de un decenio, desde la expansión de las computadoras electrónicas y su universo digital, el conocimiento se ha convertido en un ente gaseoso, y el papel de las enciclopedias en una sustancia polvorienta y desfasada, más situada entre las polillas y el pasado.

Tomo asiento frente a la ventana. A mi lado, en el otro extremo de la mesa, una muchacha teclea en su ordenador con dedos ágiles. Lleva las uñas esmaltadas de azul marino y, desde sus párpados, una línea negra se extiende por la comisura de cada ojo. Su abundante mata oscura de cabello forma un flequillo que llega hasta las anchas cejas, luego se reduce a dos deshilachados mechones junto a los oídos y finalmente baja por la espalda, ramificándose en rastas que se alargan bajo el respaldo de la silla. Un arito ornamenta una aleta de su nariz, y una bolita plateada centellea sobre sus labios. No creo que ella se tome la molestia de cargar con los dos o tres kilos del volumen que consulto. Lo más seguro es que, si quiere enterarse de algo, utilice su móvil, o bien el ordenador que maneja ahora. Cuando nació, las enciclopedias estaban ya en desuso.

Abro el tomo que he cogido —el 9— para ver qué dice acerca de Nicolás de Bussy. Bussy fue un escultor estrasburgués que vivió y trabajó por el Levante español en el siglo XVII, por tierras de Valencia, Alicante y Murcia. Fueron él y sus colaboradores y discípulos quienes labraron las piedras de las basílicas de Alicante y Elche y

Aspe. Como en las otras dos, en la de Aspe la Virgen está sentada entre angelotes. Aquí sus pies pisan un demonio. Son portadas de un barroquismo sereno, equilibrado y armonioso.

Frente a la imagen de la muchacha, unas mesas más allá, el otro ocupante de la sala parece encarnar el siglo pasado y otro tiempo bien distinto. Es un hombre poco más joven que yo. Viste camisa azul de manga larga y usa gafas ligeras de pasta ambarina. Del todo calvo, su cuero cabelludo brilla ante la claridad del ventanal, como aquel lector de Orihuela. Inclina la cabeza sobre un cuaderno en el que escribe con un bolígrafo, junto a un par de libros que de vez en cuando examina atentamente. Probablemente también él consultaría años atrás alguna enciclopedia.

Como en tantos hogares españoles de entonces, cuando yo era niño en mi casa familiar había pocos libros. Nuestra biblioteca se limitaba a una Biblia, un Quijote, un libro de tapas de cartón rojas con las leyendas de Jasón y los Argonautas, los seis tomos de la *Historia de España* del marqués de Lozoya, cuatro volúmenes de una obra sobre animales, el *Monitor* y algunas novelitas de Julio Verne. No había nada más.

Los doce volúmenes de la *Enciclopedia Monitor* contaron entre mis primeras fuentes de lectura. Aunque no sólo de lectura pues, tanto como los textos, me encantaba contemplar sus incontables ilustraciones y fotografías. Esas imágenes influyeron en mi sensibilidad, y de alguna forma supongo que modelaron mi modo de acercarme a la escritura. Recuerdo aquellos doce volúmenes de lomos ocres, con sus letras doradas sobre el tejuelo verde oscuro. Recuerdo cuántas veces entraba yo al salón para sentarme en el sofá con alguno de aquellos tomos entre las manos. Allí permanecía largas horas sentado, en aquella luz pacífica que las cortinas tamizaban con la blancura transparente de sus telas. Y recuerdo cómo, semana tras semana, a lo largo de mucho tiempo, mi padre traía los fascículos que componían aquella obra que acompañó mi infancia y adolescencia. Cada ejemplar abarcaba unas letras: el tomo 1, A-ASTRA; el 12, TAO-Z. La entrada dedicada a Safo iba acompañada de una fotografía en color que reproducía una cerámica ática negra de figuras rojas. Aparecía la imagen de la poeta, acompañada de su paisano de Lesbos, el poeta Alceo, que portaba una lira. «Para Safo, la belleza se halla en aquello que uno ama». Algo parecido refería el *Monitor*, donde por vez primera leía los nombres de tantos países, de tantos poetas y escritores, de animales y de opiniones, filosofías o creencias. Creo que fue en sus páginas donde supe que Li Po murió tratando de abrazar el resplandor de la luna llena, reflejada en las aguas del río Yangtsé.

Los doce volúmenes de aquella enciclopedia familiar atesoraban una síntesis de la historia del ser humano, de la vida y del universo, cuya infinitud cabía en el mueble librero de nuestro salón. Algo mágico. Mucho me fascinaba esa antítesis entre lo inmenso de la realidad y este compendio alfabético. Desde la letra A a la Z, con tesón y paciencia, acaso podría yo adueñarme de la médula del mundo. El *Monitor* permitía que uno se acercara, pues, al corazón de todas las cosas. Aunque tanto la *Espasa* como el *Monitor* más de uno hoy las juzgaría obras caducas, viejas, anticuadas, rebasadas por la incesante eclosión de la actualidad. Algunos afirmarían que para lo que sirven es solamente para reciclar su papel. Cada vez todo envejece más deprisa. Ante este tomo 9 de la *Espasa*, por ejemplo, después de tantos años, me llevo varias sorpresas. Su letra, por ejemplo, tan menuda que ahora mis ojos apenas son capaces de leer. La ortografía de la tilde no está actualizada, pese a que la edición es de 1988. En la página 1533 encuentro la entrada correspondiente a Nicolás de Busi, al que la enciclopedia considera «escultor alemán», pese a que desde 1918 Estrasburgo volvió a ser ciudad francesa. Lo más probable es que este artículo sobre Busi –o Bussy– sea traducción de otro anterior a esa fecha. Hay además errores gracio-sos. Ojeando lo que se dice sobre el pueblecito de Busot, la Espasa dice que son conocidas sus cuevas de «Canelo-nes», en vez de «Canelobre», que en valenciano significa candelabro. Pero todo esto son sólo anécdotas.

¿Qué hace falta saber? Gran parte de cuanto engloba una enciclopedia es igualmente anécdota. Por eso sentimos nostalgia del silencio. Saber mucho sobre un asunto en cierto modo es un tipo de hipertrofia. E hipertrofiado es el saber científico y tecnológico de los dos últimos siglos. Impera la hipertrofia porque se ha perdido la visión de conjunto. Acaso somos hijos de Grecia, pero se ha olvidado el espíritu griego, aquel *Μηδὲν ἄγαν* («Nada en exceso») que figuraba escrito al frente del templo de Apolo en Delfos. Me acuerdo del refrán de mi sobrecito de azúcar, que he guardado entre las páginas del libro de poemas: «A la cama no te irás...». Sin vivir una cosa más, vuelvo a decirme, dejando de lado el conocimiento. Es la vieja oposición entre el saber y el vivir, entre el bíblico árbol de la ciencia y el de la vida, tan garrafalmente resuelta.

Pensando en estos asuntos dejo de pensar admiran-do el paisaje tras la ventana. La muchacha continúa te-cleando en su ordenador; el hombre de la camisa azul aún sigue escribiendo en su cuaderno. La chimenea de ladrillos y un par de altos cipreses trazan tres verticales ante los árboles del parque, unos edificios y los montes del fondo. Tras el cristal, todo ese orbe asoma como una realidad de luz vivificante, silenciosa.

CREVILLENTE
(miércoles, 10 de abril de 2024)

Me he hecho más intransigente para algunas cosas. Entre ellas, las relacionadas con las bobadas disonantes y la grosera estulticia humana, cerrilmente gregaria. Pondré sólo algunos ejemplos.

Prohibiría el uso de las llamadas motos acuáticas, generadoras de pesadillas junto al mar. Suprimiría esas ensordecedoras verbenas que durante toda una noche imponen su fiesta castigando los oídos de un vecindario entero. Vedaría las hogueras playeras en la noche de San Juan, que asfixian la arena bajo palés calcinados y toneladas de basura. Y el uso de reproductores musicales al aire libre también lo suprimiría. Pero bastante dudo que nadie que lea mis desahogos sea partidario del ruido de esos esparcimientos. Hasta pudiera ser que más de uno apoyara también mi iniciativa de prohibirlos, puesto que todo tiene un límite.

Impediría también la venta de golosinas y caramelos envueltos en celofanes o en esas envolturas plásticas que no dejan de sonar mientras el dulce no ha entrado todavía en la boca, o mientras quien los saca del bolsillo no los suelta de las manos. Hemos soportado esos ruidillos crujientes en más de una charla y de un concierto.

Los estamos sufriendo ahora —no muy estoicamente, como se ve—, a pesar del silencio general de la sala, casi desierta hasta hace poco. Sin nadie, al menos, por este largo pasillo flanqueado de mesas blancas, con lámparas de tulipa y sillas oscuras de madera. Son sillas recias de brazos y respaldo semicirculares, parecidas a esas que en bares y casinos suelen verse junto a veladores de mármol.

La biblioteca de Crevillente, según parece, se ha erigido en lo que fue un antiguo lavadero, ya irreconocible. Sus dos alturas ocupan el recinto del antiguo edificio, que quedó diáfano, de manera que las escaleras trazan una leve curva hasta la segunda planta, distribuida en torno a los ventanales. El espacio central queda vacío y abierto a la superficie de abajo, todo ello sustentado por columnas y pilastras. El efecto es agradable, con múltiples perspectivas bien iluminadas, como el extremo donde estamos sentados, junto a un ventanal.

Andaba mirando a las musarañas, porque esta tarde presentaré junto a Josune Intxauspe *Cuatro retratos incompletos* —un librito que escribí hace siete años y que no me había animado a publicar hasta ahora— y habrá que decir algo. No sé aún qué, pero conviene reflexionar un poco y llevar algunas ideas, sobre todo pensando en Josune, que es lectora concienzuda y persona generosa y ejemplar donde las haya. Y teniendo además presente que la presentación es en Alicante, donde me he criado. Sin embargo, desde la última vez que presenté algo mío allí, hace ocho años, muchas cosas han cambiado bastante. Ya no vive mi madre, ni nuestra amiga Esperanza, que siempre se unía a nosotros en estos actos. Tampoco es nuestra la vivienda que me había seguido vinculando a mi lugar de nacimiento. Sólo queda el pequeño velero donde vive mi hermana, pero un velero es una entidad flotante, como quien dice desarraigada, sin asiento ninguno.

—¿Qué te parece si planteamos la presentación como una conversación? —me propuso Josune, que estaba dispuesta a complacerme y orientar la charla como yo quisiera.

—A mí me da igual, Josune —mentí a medias.

—Si quieres, te paso antes el guion con las preguntas.

—No, no es necesario. Mejor tú plantea lo que quieras y yo comento o contesto según crea conveniente.

—Perfecto. Es lo deseable, para que no se pierda naturalidad con un diálogo demasiado planificado —zanjó ella.

Y ando así, un pelín nervioso y expectante, pensando en los antepasados de los que se habla en ese libro, seres cuyas vidas concluyeron hace muchísimo tiempo, seres olvidados en los que nadie piensa y de los que procedo. Tal vez, con un poco de suerte —quién sabe—, gracias a las palabras hayan conquistado nueva vida y ahora sean criaturas redivivas.

Andaba, pues, pensando en todos estos asuntos, mirando, como decía, a las musarañas, es decir, a mis cavilaciones y a las mesas vacías con sus sillas, y a los atriles con grandes libros de arte que adornan los estantes, cuando ha aparecido un señor mayor con su periódico y su caramelito. Un hombre tranquilo, desde luego, rodeado de toses pertinaces y con la respiración dificultosa. Se ha sentado en el otro extremo del pasillo. Luego, después de unas cuantas expectoraciones, ha sacado su caramelito y, muy despacio, muy pausadamente, ha empezado a librarlo de su envoltorio, como meditando cada movimiento. Y, mientras, el celofán ha ido entonando su crepitante melodía.

Después, paseando el caramelo por la boca, ha comenzado a jugar con el plástico, enredado entre sus dedos, y ya me ha librado de mi inquietud, de mis antepasados y del acto que dentro de unas horas me espera en Alicante. Cuando he pasado detrás de él, inclinado sobre su periódico, a punto he estado de propinarle un pescozón cariñoso en la nuca.

MONÓVAR
(miércoles, 24 de abril de 2024)

El relieve del Vinalopó Medio es accidentado. Desde Aspe, la personalidad del paisaje es cada vez más recia, abundan montes pedregosos, de un ocre ceniciento, y barrancos y ramblas abruptas entre tierras agrietadas, sedientas, que llevan a alcores desérticos de perfil callado. Al pie de algún cerro, desde una curva de la carretera, se divisa una casa abandonada, rodeada de muñones de almendros y de algún olivo polvoriento, o alguna antigua villa de recreo con la pared añil medio despintada. Quedan unas cuantas ristras de vides, de cuyas cepas leñosas los sarmientos acaban de retoñar con un verdor muy claro e inocente que contrasta con la sequedad de estos suelos. El candor de los vástagos renovados parece un sueño de la tierra. A uno se le antoja casi imposible que puedan resistir los rigores del verano que les aguarda.

Cuando el coche se aproxima al pueblo, entre las revueltas del camino aparece el panorama detenido de Monóvar. Enseguida se reconocen sus dos gastadas colinillas, con la ruina del castillo una; más elevada, coronada por la ermita de Santa Bárbara, la otra. Y luego, dominando las distintas alturas del barrio antiguo, la torre del reloj y las dos cúpulas de la iglesia de San Juan Bautista, del mismo azul levantino que distingue, en lo más alto, la de Santa Bárbara.

Aún resulta todo aquello añoso, adusto, como sacado de una estampa azoriniana. En algunas cosas Monóvar parece, en efecto, haber sido modelada por el estilo de Azorín: podría reconocerse en alguno de los muchos párrafos que este y tantos otros pueblos le inspiraron. En *El enfermo* el escritor dice lo siguiente del valle de Elda: «Reviste la forma del casco de un buque; podrá tener diez kilómetros de anchura por catorce de largo. El color que predomina es el gris suavemente azulado. A una banda se levanta una colina de yeso, y en su cumbre aparece Monóvar; al otro lado, en las faldas de otro altozano, se ve Petrel».

Como Orihuela respecto a Miguel Hernández, la población está determinada por ser la cuna de Martínez Ruiz, aunque atenúen esta identificación ciertas reticencias o prevenciones. Porque, así como la conservadora, la católica Orihuela siempre ha distado de la militancia izquierdista y anticlerical de su *poeta pastor*, el normativismo lingüístico ha querido identificarse más con el Monòver valenciano que con la castellana Monóvar de Azorín, que también escribía Petrel en lugar de Petrer. Por otra parte, los monoveros —me contará después la bibliotecaria— consideran que el trato del escritor con su lugar de origen fue superficial y poco intenso.

Tras aparcar el coche en un pronunciado repecho, da gusto salir y respirar el aire frío. Cada año el clima refresca por San Jorge, y el cielo, como hoy, adquiere un azul ilimitado, puro. Contrasta ese color del cielo matinal con el estado abatido de las casas que rodean un solar terroso, donde han dejado al desgaire unos cuantos vehículos. El conjunto de las callejas, las tapias cuarteadas, los cerramientos oxidados, el abandono de las parcelas, todo da a entender en Monóvar que uno camina por una población empobrecida. Junto a un bar, sentado en una silla, un muchacho con una tiza escribe el menú del día en una pizarra que apoya sobre las piernas.

La biblioteca del pueblo se halla en un edificio blancuzco, deslucido por churretes oscuros. El aspecto del conjunto es destartalado y feo. Su traza forma un ángulo, y en algo se asemeja a una especie de casamata o búnker absurdo con ingenuos vanos. Enfrente hay una tienda de lencería, entre una vieja casa deshabitada y un edificio nuevo de cuatro alturas. Una mujer toma el sol sentada en un banco, los ojos cerrados, mientras escucha cómo el barrendero barre la acera con su escoba. Y una escena así de simple —el sonido de la escoba, la mujer en reposo, el sol sedativo a través del frío, el azul del aire— nos lleva lejos —es decir, más cerca— de donde estábamos.

La sala con los libros es rectangular, muy luminosa, no muy grande. En un rincón, un tipo enjuto y de expresión nerviosa escucha música. Aunque lleva puestos unos auriculares, puede sentirse un apagado susurro de violines. Escucha con las manos extendidas sobre la frente, los codos apoyados en el borde de la mesa. Qué curioso, que no haya venido aquí para leer, sino a escuchar música.

Tomamos asiento en el ángulo más tranquilo, junto a una ventana que mira a la calle de la tienda, y bajo la sección de los títulos de poesía. Como todos están colocados en baldas altísimas, resultan inalcanzables incluso para mí, que no soy demasiado bajo. Bien pensado, tampoco está mal que así sea: al fin y al cabo, apenas nadie lee poemas. De modo que un lugar así, a trasmano, es el adecuado para la poesía, tan poco dada a prodigarse o a exhibirse, como le gustaba decir a don Quijote, que, ante todo, fue poeta.

Frente a mí, Bárbara lee su libro y yo continúo con el mío. Me gusta levantar disimuladamente los ojos y verla pasar cada tanto una página, casi siempre con un bolígrafo en la mano; observar cómo anota un apunte en el cuadernito que lleva consigo; o cómo se limita a distraerse mirando unos segundos por la ventana. Hay un misterio en la actitud concentrada, una intensidad latente que singulariza a cada individuo. La atención nos ennoblece.

Pasado un rato, empieza a oírse el tañido de una campana. Es un sonido grave, lento, pausado, que se hace más presente en los pueblos que en las ciudades y que se adueña de la conciencia imperceptiblemente. Tocan a muerto. De improviso cesa esa vibración solemne, y a los pocos minutos irrumpe una voz muy alta que viene del exterior. Parece la arenga de un borracho farfullando a gritos ininteligibles frases. Cuando se acerca más, se define el acento de esa voz extranjera, de timbre aflautado, que discute en árabe.

El hombre vocifera con enojo, como si sus bramidos pudieran llegar a su país de origen sin el auxilio del teléfono. La discusión se prolonga todavía, mientras el toque de difuntos vuelve con la misma gravedad. Dejo mi lectura, escucho la dicción gutural del idioma árabe. En pocos años se ha convertido en una entonación familiar por muchas calles españolas, pero en mi niñez era una lengua lejanísima y exótica, que sólo podía sentirse tras aquella lluvia granulosa de los aparatos de radio. Fueron muchas las noches en que, de pasada, el dial de mi pequeño transistor sintonizaba emisoras sin duda procedentes de *Las mil y una noches*, en las que nunca dejaba de sonar una música hipnótica, como una incesante melopea. La cama se convertía en una alfombra mágica que me trasladaba al mundo de Aladino, y aquellos acordes eran como un «Ábrete, Sésamo» capaz de transformar sábana y mantas en una cueva. Durante un par de años, hace ya más de cuarenta, estudié ese bello idioma que es el árabe, traduje alguna fabulilla, algún cuentecito infantil... Ahora ya ni recuerdo el alifato. Así sucede con todo, que pasa al olvido.

Al filo de las doce, regresa otra vez el toque de difuntos, que se entremezcla ahora con un repiqueteo alegre y cristalino de otra campana más distante. Anuncia la hora del ángelus a todas las casas. Es como si en esa simultaneidad acústica de ambos toques se simbolizara la insoslayable concurrencia de vida y muerte. Esas dos campanas nos dicen que somos y no somos a un mismo tiempo.

Entre unas cosas y otras, hemos perdido el hilo de la lectura, que cambiamos por esta más inmediata de la realidad próxima y sin palabras del paseo. Por la calle aún sopla el mismo aire seco y fresco en este mediodía soleado. Cerca del repecho donde hemos aparcado, asoman unas notas de verdor tras el cúmulo de paredes sucias, abstractas, de varias viviendas demolidas. Es la plaza de la Malva. Unas cuantas palmeras y un caminito de greda. En medio, un andador y, a unos metros, su propietario, de pie. Nadie más en torno. Nos saludamos. Su rostro es amable, conserva un cabello ondulado y entrecano. Le pregunto si sabe por qué la plaza se llama de la Malva. La voz de un hombre de edad, la de una mujer, es la memoria de un pueblo.

—No lo sé muy bien. Puede que tenga que ver con las dos fuentes que antes hubo aquí.

—¿Fuentes? —repito sorprendido—. Parece increíble que hubiera fuentes, con tanta sequía y viendo todo esto tan seco...

—Pues sí que existieron. Hubo una ahí detrás —señala a su espalda—, y otra aquí mismo, y siempre daban agua. Los chiquillos se bañaban en la del lavadero.

—¿Pero usted llegó a conocerlas?

—¡Claro que sí! Y bien que me refrescaba yo, no siendo ya tan niño, aún con quince años. Y setenta y seis que tengo ahora... ¡Qué buenos veranos aquellos!

Viéndolo aquí de pie, solo en esta plaza, rodeada de solares ofuscados, desiertos, aparenta ser el último habitante de una edad ya acabada, definitivamente perdida. Nos dice que siempre ha vivido muy cerca de donde estamos, a unos pocos metros, y con un índice apunta enfrente, hacia el inicio de una de las cuestas que remontan una de las dos colinas por donde se extiende la población antigua, al pie de la ermita y las ruinas del castillo.

—Ahí mismo está mi casa, en la calle Colomer. Justo delante de la torre del reloj.

—Ah, sí, el campanario —contestamos—. Hace un rato que lo hemos oído.

—¡No, no! Campanario, no —aclara—. Nunca ha sido campanario, no es más que la torre del reloj. Torre a secas.

Explica entonces que jamás ha habido ningún templo junto a esa torre, que ahora permanece cerrada porque la están restaurando. Me digo, mientras, que es una construcción infrecuente, una torre así. Emancipada, pues, de usos religiosos, y únicamente destinada a indicar las horas, transmitía una dimensión «laica» del tiempo, un tiempo desligado de la que era su principal dueña y rectora, la Iglesia.

—Entonces, las campanas que hace un rato tocaban a muerto ¿no eran las de esa torre?

—No, qué va. Ahora, con las obras, está muda. Las que sonaban son las de San Juan Bautista. Van a enterrar a uno de cincuenta y ocho años que anteayer se mató en Fortuna. Era camionero, y su camión chocó contra otro camionero de veintiocho, muy joven. Uno adelantó —ilustra con las manos—, y el otro se conoce que no pudo hacer nada y se dieron de cara. Los dos, muertos en el acto.

—Menuda tragedia tan tremenda —comentamos, como aferrándonos a la luz del sol que nos deslumbra—;

o sea, que en Fortuna o en otro lugar hoy también habrán tocado las campanas para un entierro.

—Vaya que sí —asiente, y calla unos segundos—. Y el pasado sábado enterraron a una niña de aquí que se ahogó en la riada que hubo en un pueblo de Granada. Eso sí que es una tragedia. El padre todavía está en la uvi y nada sabe de nada.

Está visto que la muerte se hace oír con más significación en los pueblos. Todo en ellos, las torres, el bronce de las campanas, los rincones y las calles, actúa como una caja de resonancia. Reanudamos la conversación sobre esta plaza de la Malva y pregunto al hombre qué había en uno de los solares desiertos.

—Ahí delante estaba la fábrica de zapatos de Bonastre. Catorce años trabajé en ella; y luego, cuando la mudaron a otro sitio, otros diez más. Después estuve diecisiete yendo a Alicante a trabajar para la diputación, en el mantenimiento de vías y servicios. Más de cuarenta años dando el callo. En el otro solar estuvo Correos. Todo esto ha venido a menos, por aquí apenas hay vida.

Después nos cuenta cosas de la suya: de cómo ha podido permanecer cincuenta y siete años bien casado, de la hija que vive en su casa, de la *astrosis* que padece, y las burbujas en el espinazo que lo traen a maltraer... Nos despedimos, tras prolongar unos minutos más la charla, pronunciando nuestros nombres y dándonos las manos.

—¡Anda! —abre más los ojos—, qué casualidad: mi mujer también se llama Bárbara. Yo, Enrique. Cuando quieran, en la calle Colomer tienen su casa. Ahí pueden encontrarme para lo que sea, para hablar o enseñarles algo de Monóvar. Frente a la torre del reloj.

No muchas, más bien contadas, son las veces que he pisado Monóvar. ¿Vivirá este buen hombre cuando algún día en un futuro vuelva yo a dar, como hoy, un paseo por estas mismas calles? Queda él atrás, en la plaza de su vida, bañada de sol. Su existencia, como la nuestra, forma parte de este día, pero en cierto modo ya transcurrió, ya fue vivida. Alguien del pasado la pensó hace muchísimo tiempo, igual que yo he pensado a menudo sobre la sucesión de las gentes venideras. Son éstos pensamientos muy azorinianos, que me asaltan recorriendo los pocos metros que distan desde la plaza de la Malva hasta la casa museo del escritor. Es ya cerca de la una y la alta puerta está cerrada. Pulsamos un timbre y esperamos mirando la madera. No se oye nada dentro. Alrededor, por la calle, suenan los trinos cadenciosos de unos pájaros.

Al rato, una mujer menuda, de aire funcionarial, abre la puerta. La claridad del día entra en la penumbra del vestíbulo; el sol, como una alfombra, se esparce sobre el suelo. Destacan las geometrías de una verja oscura que separa esta parte de la entrada del resto de la vivienda. Lo primero que la cuidadora nos hace saber es que, para traspasar el umbral, es menester pagar tres euros. Seguidamente, recita de memoria cuatro generalidades relacionadas con el autor, el pueblo de Monóvar y las colecciones que alberga el lugar donde estamos; enciende las luces de las tres plantas, regresa a su mesa de trabajo y deja que visitemos, sin nadie más, toda la casa, que permanece taciturna, lo mismo que su antiguo dueño en tantos de sus retratos.

Por todas las paredes abundan las fotografías y pinturas de este personaje reservado, tácito, silencioso, acaso, junto a Unamuno y Valle-Inclán, uno de los escritores españoles más iconográficos. El rostro acecinado y anguloso de su senectud era una fiel representación de ese espíritu medio ascético. Emociona encontrar aquí, sobre una mesa modesta —entre retratos de Cervantes, Molière, Goethe o su amigo Pío Baroja repartidos por la casa—, su máquina de escribir, junto a un flexo con la bombilla encendida. La máquina es una vieja Underwood portátil, situada sobre un mantelito primorosamente calado, con encajes hechos por manos femeninas.

En realidad, todo cuanto nos envuelve, incluidas estas techumbres y estas paredes, absolutamente todo, de un modo u otro fue descrito, aquí o allá, en sus miles de páginas. Y en esos libros suyos ha cobrado un estado ideal, un grado arquetípico. Nadie como él ha expresado con tanta trascendencia y hondura la vida callada de las cosas, y nuestro secreto diálogo con ellas. En «El tío Pablo y las cosas», un capítulo de su novela *Doña Inés*, me vi casi totalmente descrito cuando lo leí, hace más de tres décadas. No sé qué pensaría yo de volver a leerlo ahora.

Ahora aquí estamos, junto a estas cosas, delante de una antigua máquina de escribir y ese flexo plateado puesto sobre un tapetito redondo de ganchillo, idéntico al que iluminaba el cuarto de mi infancia. Y en este antiguo flexo de aluminio con su cerco de luz sobre unas teclas blancas se concentra el alma de aquella escritura sosegada, límpida, tal vez la última en que esa palabra, «alma», fue llevada al papel sin temor ni prevenciones, aunque con plena conciencia de que en sus cuatro letras concluía toda una época.

Muchas, muchísimas, son las palabras raras o penumbrosas que escribieron las letras de esa máquina. Palabras que apenas nadie ya recuerda, salvo la umbría del diccionario, y que supieron advertir los matices de la realidad y el nombre oculto de cada sustancia y de cada forma. Palabras desusadas pero grávidas de significado. Como «conticinio», una de ellas. El diccionario dice que conticinio –de *conticinium*– es la «hora de la noche en que todo está en silencio». El sentido de esta voz es neto, únicamente posee esta acepción, y ninguna otra. En los campamentos militares de la antigua Roma, había que respetar de modo estricto el silencio y callar –*tacere*– completamente desde el momento en que llegaba la noche, cuando los sonidos cesan. Esas horas de perfecta quietud propias de la alta madrugada fueron las elegidas por el escritor para escribir bajo el círculo luminoso de esta lámpara, cuando el resto del mundo duerme y nada perturba el pensamiento.

De hecho, yo diría que ese mismo silencio que se procuraba él cada noche para fijar unas cuantas palabras es el verdadero protagonista de muchos de sus libros, de esas novelas que parecían ser ensayos, de esos ensayos que parecían novelas. Más que los episodios, más que los ambientes o las realidades que acontecen, a Azorín le importa el silencioso fondo en el que los hechos suceden. El azogue de la conciencia. Más que los seres, le afecta el misterio al que todos van, y del que vienen. Sus descripciones –incluso las más costumbristas, que suelen responder a un costumbrismo trascendido o «metafísico»– muestran ese estatismo de la superficie, el agua en donde, por un momento, concéntricamente, tiemblan unas ondas para recuperar al poco esa espejada tersura donde se refleja el mundo. Por eso impresiona ver ahora esta pequeña mesa con el flexo encendido y la máquina que escribió tantas cuartillas. Su sencillez, su sobriedad contrastan con el tono burgués del resto del mobiliario y aderezos de la casa. Escribir es un acto despojado, sin atavíos ni ornamentos.

¿Cómo iba, pues, a tener «público» un escritor que emplea palabras retraídas, desusadas, que habla de la quietud, de la vida oculta de las cosas, de libros marginales u olvidados, del alma, de lo que casi no es advertido, del silencio originario y último que abraza todas las existencias? Es decir, de cuanto contradicen los días presentes. No puede ser. Azorín apenas tendrá lectores. Probablemente, irán siendo menos. Sin embargo, su estilo y sus intuiciones recuerdan a otros escritores europeos de su época que cada cierto tiempo las editoriales ponen de moda; al suizo Robert Walser, por ejemplo, cinco años más joven. Y, de forma más o menos evidente, sin su magisterio difícilmente habrían terminado de dar fruto y madurar otras obras.

Hay buenos muebles, hay notables dibujos y buenas láminas y pinturas en las paredes, incluida una reproducción de considerable tamaño del Cristo crucificado de Velázquez, al lado de un oratorio del siglo XVIII, pero todo lo que en torno vemos desemboca en el rincón de esta mesita con su plateado flexo encendido.

En el tiempo que llevamos en ella, no ha venido nadie más a la casa. Sólo entra el gorjeo de los gorriones de la calle, el mismo de siempre.

En el piso superior, en lo que era la cámara, están los más de nueve mil volúmenes de la biblioteca. La mayoría contiene subrayados, apuntes y notas marginales con la letra menuda de su antiguo propietario. El número y el conjunto sí que apabullan un poco, por más que fuera dilatada su existencia. Aquí dormitan, en sus vitrinas, los clásicos y modernos, que ningún otro lector supo despertar como él, ni ha leído con tanta finura y penetración. Cuántos nombres desconocidos, ignorados. Repasando los títulos de los lomos, he recordado su apasionado pero fluctuante trato con los libros. En él hubo tanta imperiosa necesidad como lo contrario, algo parecido a una condena. Una biblioteca personal cuantiosa posee una vaga semejanza con una cárcel. Pero también con un refugio, pues parece ser que, entre ambos extremos, no existe un término medio...

Los muchos libros en el acontecer de una persona, indudablemente, son atlas de nuevas realidades, aseguran un diálogo, regalan su compañía. Con frecuencia, en cambio, han sido vistos, como el poeta Luis Cernuda, semejantes a un «vasto cementerio del pensamiento», convertidos en un sucedáneo de la experiencia real que nos aparta de la vida verdadera. Los libros, en definitiva, aíslan. Limitan, esterilizan. En el juvenil *Diario de un enfermo*, de 1901, José Martínez Ruiz expresa en varias ocasiones el melancólico hastío ocasionado por los libros, sordos a la vida: «Vivamos. Abracémonos a la Tierra, próvida Tierra; amémosla, gocémosla. (...) No más libros; no más hojas impresas, muertas hojas, desoladoras hojas. Seamos libres, espontáneos, sinceros. Vivamos». Cuatro años antes, en 1897, André Gide formulaba en *Los alimentos terrestres* esta misma invitación a dejar a un lado las «muertas hojas».

Ningún escritor, sin embargo, ha podido escapar de esa ineludible absorción de la palabra impresa. En 1916 José Martínez Ruiz ya no firma sus artículos ni sus obras con ese nombre. Su identidad ha sido decididamente asimilada por la literatura: ya hace tiempo que firma con el seudónimo que le hizo célebre. En 1916 Azorín publica uno de los textos suyos con más encanto, *Un pueblecito: Riofrío de Ávila*. En el epílogo, el escritor se despide de Jacinto Bejarano Galavis y Nidos, su protagonista. Los días de este hombre transcurren monótonos, aislados, entre las montañas. Con los paseos solitarios por el campo, la lectura lo acompaña y lo consuela: «Te quedas entre tus libros; tú lo lees todo». Azorín cita a Montaigne. El francés dice que «la lectura entristece».

A continuación, el escritor de Monóvar hace una confesión melancólica; revela lo siguiente: «Tú crees que las montañas, esas montañas de Ávila que te cierran el paso, son las que te tienen aprisionado. ¡Ah, no, querido Galavis! La prisión es mucho más terrible. La prisión es nuestra modalidad intelectual; es nuestra inteligencia; son los libros». Las palabras que siguen exponen la imposibilidad de «lanzarnos a gozar» –como dieciséis años atrás, vuelve a usar el mismo verbo, *gozar*– al margen de ese invisible recinto de los libros: «Nuestra prisión está en los libros», concluye. Sin embargo, ya en la última página, Azorín añade una última reflexión fundamental, decisiva: «Hay un momento en la vida en que descubrimos que la imagen de la realidad es mejor que la realidad misma». Cuando escribe esto, tiene cuarenta y tres años. El círculo, en resumidas cuentas, se ha cerrado. De distinta manera, el *Eclesiastés* decía algo parecido.

Recuerdo cuánto me turbaron, tres décadas atrás, esas cavilaciones sentenciosas. Los libros añaden mundo al mundo. Pueden seducir, pero en verdad no sustituyen al mundo. No obstante, a esta edad mía –ni poco ni mucho–, nada de todo eso importa. Sencillamente, los libros están a nuestro lado, dentro de cada día. Sin ellos nuestra vida hubiera sido más pobre, sin duda distinta.

ALCOY
(jueves, 2 de mayo de 2024)

A menudo, tras levantarse, uno saluda a la mañana. Y ese saludo que se pronuncia en los adentros, sin musitar palabra, es lo mismo que la manifestación de una abstracta acción de gracias sin ningún destinatario específico, tan sólo dirigida a la claridad del día que comienza. Ese saludo —esta gratitud— comienza y acaba en su propio surgimiento, como esas burbujas que de pronto aparecen en un charco o en la corriente de un arroyo y al rato desaparecen sobre la superficie del agua. Uno despierta y se suma a esa agua que es la luz de la mañana.

Así he saludado hoy este nuevo día, primero desde nuestro cuarto del hotel, y a continuación desde el ventanal del comedor donde hemos desayunado, frente a esa magnífica visión de Alcoy: por un lado, bajo unas nubes muy blancas, apiñada hasta el declive que desciende al río Barxell, la ciudad antigua, de la que sobresalen la cúpula azul y brillante de Santa María con su linterna prominente y su esbelto campanario, cerca de la torrecita crema, como sacada de una tarta, del monasterio del Santo Sepulcro; en medio, delante de un monte, la extensión aérea del puente de Sant Jordi, sus más de doscientos metros de *art déco* sustentados en tres arcos gigantescos sobre la hondonada del Barxell, por la que reptan los tejados y chimeneas de antiguas fábricas y casas de apariencia rural, iguales que las de los cuentos; y al otro lado del puente, los edificios más modernos del ensanche, sobre los álamos y las frondas del barranco en el que discurre otro riachuelo, el Uxola. Más cerca, enfrente, no dejan de agitarse los colores de las ropas tendidas en unos balcones, como improvisadas grímpolas, sobre el temblor de los árboles recién rebrotados.

Mientras Bárbara ha subido al cuarto para bajar su maleta, me he sentado ante el ventanal a esperarla. El cuadro del paisaje es de un vigor rotundo, completo. Tras la transparencia del cristal, desprovista de sonidos, la realidad revela una rara intensidad, muestra su índole tácita, misteriosa. No nos cansaría repetirlo: tan infinito, tan excepcional e inagotable resulta, dentro de sus límites, todo cuanto vemos. Las nubes y el azul se reflejan sobre una mesita redonda. Contemplo todo este espectáculo, que a lo largo de mi vida he visto docenas de veces y que tampoco me cansaría, año tras año, volver a ver. Quizá por eso hemos pasado la noche aquí, en este hotel. Las frondas de los chopos tiemblan y brillan, brillan y tiemblan, exhibiendo una vez más la primavera. Es ahora, mirando las cosas, cuando uno tiene la súbita impresión de que acaba de abrir los ojos. Son las sorpresas de la atención. Es como un despertar de quien creía que ya se había despertado.

Pienso en nuestra vida juntos. En la de Bárbara y en la mía. Y en un abrir y cerrar de ojos, como un soplo, desfilan en la memoria los tres años que pasamos aquí, en Alcoy, hace ya treinta y cinco. ¡Éramos tan jóvenes...! Me acuerdo bien de cuando vinimos a vivir a aquel piso de la calle Luis Braille, el único que encontramos. Un primer piso oscuro y gélido en un barrio hacinado, vulgar y feo. Eso nos decíamos cuando llegamos, con alguna lástima de nosotros mismos, sin saber que aquel sería un tiempo feliz, de días totalmente nuestros, imprescindibles y concentrados.

Fue muy lluvioso aquel primer otoño. El de 1989. Durante más de dos semanas no dejó de llover. Ininterrumpidamente. La ciudad era un ente opaco tras una pertinaz cortina de agua. Nos parecía un lugar inhóspito, arisco, sombrío, nada amable. La antítesis de donde veníamos, la luminosa, la risueña y acogedora Jávea. Los vecinos apenas saludaban. Rayada en la maltrecha pared del ascensor, un día apareció una pintada: «*Castellans fora*», pese a que varios vecinos eran andaluces o castellanohablantes.

Alcoy se parecía a nuestro casero, un tipo fosco y desconfiado, de una roñería dickensiana. Bajito, de orejas caídas y pobladas cejas negras, vestía siempre la misma camisa de rayas rojas y pantalones grises de gastados tergales. Debía de ser la misma ropa de cuando estudió magisterio, por los años cincuenta. Hacía gala de ser maestro en una pequeña escuela de la ciudad alta, pero no sabía hablar muy bien, y parecía bastante ignorante. Cada comienzo de mes, acudía para vigilar la vivienda con el pretexto de cobrar el alquiler en efectivo y sin intermediarios. Daba un poco de lástima. En aquellos tres años, el pobre nunca se mostró confiado ni agradecido con los modos corteses y hospitalarios.

Alcoy se parecía a nuestro arrendador, pero, de igual forma, a aquel piso umbroso. Amueblado con asientos de escay, formicas veteadas y aglomerado bajo los colchones, durante buena parte del año debíamos permanecer envueltos con una manta, como si estuviéramos inmersos en una paulatina metamorfosis, lo mismo que crisálidas. En los cajones aparecían monedas de dos reales fuera de curso, junto a adminículos inservibles y viejas bobinas de ajados hilos. Toda una metáfora. No teníamos teléfono. En realidad, apenas teníamos nada. Si no era para pedir, raramente llamaban a nuestra puerta. Sólo recibíamos alguna que otra carta. Era como vivir en otro siglo, orillados del tiempo. Y sin embargo pronto aprendimos a situarnos en aquel núcleo, dentro de nuestro centro. No sé cómo, pero leíamos bastante y también paseábamos a menudo. Salir del espesor urbano resultaba fácil. No era preciso andar mucho para dejar atrás la uniforme grisura de aquel barrio y subir hasta la ermita de San Cristóbal, sobre el barranco del Cinc, o bien para llegar, pasado el arrabal de Batoy, hasta el paraje del Salt, donde en los períodos de lluvia el río Barxell caía desde un promontorio en una cascada que podía helarse en los días más fríos del invierno.

El Salt sería para Juan Gil-Albert el mismo refugio tutelar que el Collado Salinas —cerca de Monóvar— lo fue para Azorín. Allí, en un rincón perdido, entre aquella parca concentración de abandonadas fábricas decimonónicas pegadas a fincas burguesas y los elegantes jardines de Brutinel, se hallaba, prácticamente olvidada, la casa que había pertenecido a su familia. Allí Gil-Albert, cuya poesía yo tanto valoraba, había escrito sus mejores textos durante el plomizo silencio de la posguerra. Y del mismo modo admiraba yo el exilio interior en que durante tantos años había creado todas esas páginas. Me atraía aquella soledad asumida, plena, nada quejumbrosa. Junto a aquellos pinos y olivos, ante aquel valle y el verdor de los carrascales, surgió una obra en la que lo Mediterráneo actualizaba su pasado mítico en el presente perenne de un paisaje radiante y vivo. Los mitos y sus misterios están aquí, no pertenecen a ningún pasado.

Yo sólo había escrito un vacilante libro juvenil, aún inmaduro. Los tres años de Alcoy me dieron el diapasón para resolver algunas dudas, identificar el timbre de mi voz, terminar de hallar un camino propio. Fue necesaria aquella vida nuestra autosuficiente, retraída, algo eremítica. Fueron necesarios aquel destino, aquellos largos silencios, cruzar cada mañana Santa Rosa, bajar junto a una fábrica abandonada de la calle Agres y seguir por el paseo Cervantes hasta el viejo edificio donde daba mis clases junto a aquel castaño; y las lecturas nocturnas, sentado ante un atril, junto al flexo. Creo que no he vuelto a leer con la misma atención y ensimismamiento.

Y en todo aquel aprendizaje supongo que fue además necesario el hecho de habitar en un lugar como Alcoy. Aquella población estaba, como quien dice, lejos de todo. Lejos incluso de sí misma. La ciudad doblaba la cantidad de vecinos que un siglo atrás protagonizaron protestas sindicales y terribles insurrecciones obreras de gran calado, primero las movilizaciones luditas contra las máquinas y luego una sonada revolución contra los patronos y sus abusivas condiciones laborales, que terminó con muertos y escenas de una brutalidad zolesca, como el cadáver de un alcalde mutilado, arrastrado por críos y hecho trizas.

La ciudad vivía nimbada de glorias pretéritas, enfrascada en sus mitos de aquel pasado de luchas sociales, pujanza económica y florecimiento industrial y cultural; pero la realidad presente era otra muy distinta. El Alcoy al que llegamos era una especie de empobrecido escenario medio en ruinas, un lugar inerte, sin apenas vida en calles y plazas, salvo cuando en abril llegaban, por San Jorge, los fastos de sus fiestas mayores y la pompa ostentosa de Moros y Cristianos, que transformaban el semblante misantrópico de sus gentes en simpatía y una amabilidad regada de café licor. Por lo demás, el apelmazado racimo de la ciudad antigua se extendía hasta el borde de puentes y barrancos, entre fachadas de forjas herrumbrosas y piedras ennegrecidas, entre los solares que dejaban los edificios desplomados por el peso del tiempo o a causa de las lluvias. Las distancias sociales eran acusadas y resultaban más que evidentes.

Sin embargo, en todo aquel paisaje urbano encerrado entre montañas latía una belleza recia, de gran carácter, una seducción relacionada tanto con su orografía abrupta como con su tangible decadencia. Y muchos alcoyanos parecían también reconcentrados y fascinados por el brillo perdido de ese mundo. También Juan Gil-Albert, en varios de sus libros de memorias. Pocas poblaciones españolas habrán originado tanta bibliografía autorreferencial, de un exacerbado localismo.

Me gustaba mucho vagar por esa ciudad alicaída, tan remozada hoy, tan cambiada en tantas cosas, que casi parece haber desaparecido. Aprovechaba los recreos y los huecos de mi horario entre clases para hacer breves paseos: cruzaba el puente de Cristina, sobre los humos de las chimeneas y el agua teñida por los tintes de las fábricas, en dirección a la biblioteca o a la librería de Pilar Llorens, y a las calles de San Nicolás o San Francisco; subía hacia la Glorieta, hacia la torre y la cúpula gris de San Mauro, donde el ramaje de un gran plátano sombreaba toda la placita de la Cruz Roja. Desde allí bajaba hasta las fábricas de Ferrándiz y Carbonell —por entonces cerradas, enormes, oscuras, metafísicas—, pasaba junto a los edificios modernistas de la calle Juan Cantó y regresaba con el periódico o algún libro nuevo a dar mis clases en aquella vieja escuela.

¿Qué me seducía de Alcoy? Su fuerte personalidad, ese grave atractivo suyo, carente de fáciles pintoresquismos. Gran parte de la población vieja ciertamente estaba abatida, envejecida, pero no era antigua. Alcoy apenas si conservaba edificios antiguos, había renunciado a ellos. Había decidido ser una ciudad fabril y burguesa de entresiglos, una pequeña urbe modernista, pero de un modernismo generalmente sobrio, sin demasiados alardes ni ornamentaciones ostentosas, temeroso tal vez de aquellos tumultos obreros, aún recientes. En tan sólo quince o veinte años dos arquitectos crearon viviendas, fábricas, viaductos, panteones, el edificio donde yo trabajaba, alguna iglesia. Y cada jornada yo sentía el vigor de aquella realidad insumisa. Poco a poco, volvía a escribir poemas. Trabajaba, paseaba, leía, miraba, observaba con extrañeza el provincianismo refractario de esas gentes, mientras nuestra autárquica soledad abrazaba confiadamente los días y las noches. Ya he dicho que éramos muy jóvenes, y las montañas y los paisajes de alrededor eran solitariamente hermosos.

Al salir del hotel, ya sin el refugio transparente del cristal, sentimos esta sorpresa de encontrarnos con el aire fresco de la mañana. Un aire fino, de monte, con una calidad característica y un tacto inconfundible que siempre reconozco. Respirándolo de nuevo, averiguo qué me ha seducido desde siempre de esta comarca, el minucioso sosiego de su luz, la excepcionalidad de su aire, en el que por estas fechas comienzan a flotar los circulitos algodonosos de los vilanos.

Desde la Alameda, cruzamos el puente de Sant Jordi. Un anciano con un ramo de flores nos adelanta por la acera. Desde hace un par de meses no dejo de ver gente portando flores, mujeres, hombres y niños con flores, como si fuesen mensajeros de esta estación primaveral, o como si en esta atroz sequía invocaran así la ayuda del firmamento.

La escalinata que conduce a la biblioteca forma parte de un edificio neoclásico de estricta simetría de piedra, severa cornisa y acanaladas columnas dóricas, uno de los más monumentales entre las bibliotecas valencianas. Fue sede del Banco de España, y un testimonio de aquel esplendor económico e industrial extinguido. Cuando vivíamos aquí llevaba pocos años abierto. Solíamos venir. Al entrar, a mano derecha, bajo un cuadro de grandes dimensiones del pintor Fernando Cabrera Cantó, estaban los periódicos, amontonados sobre un tablero redondo, siempre ocupado por los mismos lectores, todos hombres, como satélites de la mesa. Nadie hablaba con nadie. Cada mañana acudía a esta sala un refugiado político de no recuerdo qué país subsahariano. Todo en él inspiraba concentración, soledad y disciplina, pero no ese rigor que se ejerce sobre los demás, sino con uno mismo. Me gustaba encontrarlo leyendo del principio al fin y sin tregua cada diario. ¿Vivirá? A saber quiénes de aquellos hombres seguirán viviendo. Hoy solamente veo a un anciano hojeando la prensa.

Se siente cierto agrado al pensar que décadas atrás este fue un santuario financiero, dedicado ahora, en cambio, a la lectura y al estudio. El ruido, el laberinto de las antiguas transacciones han dejado este patio delimitado por columnas cuadradas −a modo de peristilo− a los miles de libros. Sin saberlo, tomamos asiento junto a los de poesía, como en Monóvar. Ya es coincidencia. Sobre el espacio cuadrangular que ocupan tres bibliotecarias, desde una vidriera desciende una luz cenital, una claridad tamizada por esos cristales de la claraboya. Pocos minutos antes, cuando mirábamos entre los anaqueles, la más joven de ellas señalaba con la mano unas cajas de cartón apiladas en el suelo. Le sonreía a un tipo acatarrado muy miope, de voz vieja y piel descolorida.

−¡Mira, por fin han llegado los libros que pedimos! Qué bien, ¿no? −comenta al compañero, agachándose para curiosear en una de las cajas, que ya está abierta−. Esperemos que no falte ninguno.

−Veremos. Habrá que comprobarlo. Ya tenemos más trabajo −comenta su compañero con desgana, mientras entre tos y tos vuelve a tomar asiento.

Ella tiene una sonrisa agradable, y no más de treinta años. Luego la he visto leer de pie, junto a las cajas, uno de esos libros nuevos. Concentrada en la lectura, seguía sonriendo. Cuando abandonamos Alcoy, seguramente aún no habría nacido. Pienso en la distancia entre esta sonrisa juvenil y la mohína circunspección de aquellos viejos que entonces, hace tres décadas, se congregaban afanados ante la prensa, en torno a la mesa redonda.

Fuera, en la calle, el tiempo pasa presuroso, más veloz que aquí, entre las hileras y las palabras de los libros. Posiblemente porque, por definición, un libro es plasmación de un tiempo a salvo, abstracto, detenido. En las arquitecturas añosas como esta de columnas, altas ventanas y claraboyas con vidrieras, una biblioteca es la mejor alegoría de aquel aforismo del *ars longa, vita brevis*. Toda biblioteca responde a un mismo —y vano— empeño de burlar el tiempo. Eso es lo que nos imanta del calmo paisaje de los libros. Y en esta quietud atemporal quienes cuidan de ellos, y quienes los leemos, no somos más que sombras efímeras, sucediéndose las unas a las otras igual que las hojas de los árboles, como tantos han dicho después de Homero.

De las hojas de los árboles habla, precisamente, el libro que he tomado de un estante. De las hojas que brotan con timidez al principio, como en un balbuceo de verdor; que luego extienden al sol la plenitud de su hermosura; y que, por último, se tornan cobrizas o amarillas, hasta que una ráfaga las arranca de las ramas y las devuelve, secas, a la tierra. Del ciclo, en suma, de la vida. *Kigo. La palabra de estación en el haiku japonés*, se titula. No lo conocía. El volumen incluye una antología de estos breves poemas de tres versos y diecisiete sílabas, precedida por una sustanciosa introducción de Fernando Rodríguez-Izquierdo, del que en su día leí un estudio sobre el haiku que me gustó pero que he olvidado. Ya no me preocupa retener. Ya no me preocupa olvidar: tal es el destino natural de todas las cosas. Y el de nosotros mismos. Rodríguez-Izquierdo explica que el *kigo* es la palabra o expresión indicadora del momento estacional en que están radicados esos tres versos. Las primeras palabras del prefacio dicen: «Este valioso libro puede llegar a manos de personas versadas en el haiku, o bien —por el contrario— a manos de personas que no han tenido ocasión de conocer lo que dicha palabra japonesa significa». Me complace que, sin justificaciones ni ambages, el prologuista afirme así, sucinta y llanamente, que el libro que tengo entre las manos es «valioso».

Levanto la mirada y me lo pregunto: ¿lo es?, ¿es valioso este libro? Por supuesto que sí, claro que es valioso. Que su valor sea reconocido por todos es otro asunto. Pero un libro nunca podrá ser para todo el mundo. Con gran frecuencia está destinado a ser tratado únicamente por unos pocos, y más si se trata de un libro de poemas. Este que ahora leo, por ejemplo, ha sido prestado sólo cuatro veces en, al menos, nueve años, según revelan las fechas anotadas a mano en la etiqueta de devolución.

Entre el penúltimo y el último préstamo median ocho: los transcurridos desde 2015 hasta 2023. La poesía hoy resulta anacrónica. Parece demasiado interior, demasiado atenta para una época de suyo externa y desatenta. La tecnificación digital en todos los órdenes cotidianos ha desustanciado la existencia efectiva de los seres y las cosas. La realidad ha adquirido un carácter intangible y gaseoso porque se ha transmutado en un ente virtual, de naturaleza etérea. Pocos están aquí. Cuando viajamos en tren o en autobús, es raro que nadie contemple ya el paisaje; cada uno mira su pantalla. Al menos los haikus casan bien con la fragmentación de nuestro tiempo y con sus carencias. Con todo, es una vía expresiva que sigue suscitando recelos y antipatías porque sobre ella pesan los prejuicios, y porque también asusta un poco. Los prejuicios tienen que ver con el casticismo de quienes los ven como «japonerías»; el desdén, con el hecho de que estos poemitas suponen un radical despojamiento, que puede alcanzar hasta a la edad de quien los cultiva —un niño puede escribir un haiku tan conseguido como un anciano—, y las consecuencias derivadas de esta actitud creo que asustan: alteran ciertas convenciones e inercias del intelecto. Los haikus se parecen, sí, a todas las hojas de un árbol.

Dejo de pensar en japonerías y en los estados gaseosos y miro el espacio que se percibe justo ante mí, frente a donde estoy sentado. Como cualquier otro, una biblioteca es un buen lugar para hallar concreción y disciplinar la mirada. Lo que veo delante es una ordenada perspectiva encuadrada por filas de columnas oscuras, cuya verticalidad dialoga con las superficies horizontales de dos líneas de mesas y sillas de madera clara. En el extremo de una de ellas, un hombre está concentrado en su tarea. Apoya el codo izquierdo en la superficie y la mano le cubre el rostro. A su lado, ha dejado un rimero de papeles secos, pequeños, amarillentos, que examina atentamente. Detrás, bajo la vidriera de la claraboya, está el volumen del mostrador —otra horizontal— y las tres bibliotecarias: dos —las más jóvenes— de pie; la tercera —la mayor—, sentada en medio. Forman un grupo simétrico. Al fondo, en la pared, cuelgan dos cuadros de Fernando Cabrera. El más impresionante, de gran formato, representa a un soldado de las guerras napoleónicas. Está tendido en un primer plano, en el margen de un camino agreste, entre cardos, con una mano sobre su rostro sangriento. No se sabe bien si está vivo o si tal vez ya ha muerto. Detrás, a cierta distancia, tiene lugar una batalla, que levanta nubes de pólvora, ceniza y tierra. El cuadro muestra con implacable elocuencia con cuánta soledad aparecen el sufrimiento y la muerte, qué lejos entonces queda todo.

Es, claro está, una pintura desolada. Ahora ocupa el mismo lugar que cuando aquí vivíamos ocupaba otra obra de similar tamaño e igualmente lastimosa, *Mors in vita*, también de Cabrera. Por entonces no se tenía noticia de la existencia de este cuadro del soldado moribundo. Se descubrió en 1994, dos años después de marcharnos, cuando descolgaron *Mors in vita* para restaurarlo. Por detrás, cosida al bastidor, apareció esta representación bélica de casi tres metros de largo, por dos de ancho.

Mors in vita hoy se halla en otra pared de la biblioteca. Siempre que pasamos por aquí, entramos a verlo. Cabrera lo pintó hace más de un siglo, en 1900. La escena de este lienzo es melancólica y a la vez poética. A partes iguales, indistintamente. Sobre un lecho de mármol, por el flanco izquierdo de la obra, yace el cuerpo inerte de una joven muerta. Una sábana cubre sus piernas y caderas y deja el torso desnudo, la cabeza ladeada en sentido contrario al espectador, como si pudiera mirar el ancho ventanal por el que asoma una luz categórica. El sol se posa en el alféizar de la ventana, donde, en un ángulo, también descansan un cuenco de barro desnudo y una botella de cristal medio llena de agua, como una imprevista naturaleza muerta. Y tras el alféizar y el cristal resplandece la floración rosácea y blanca de unos almendros o unos cerezos ante el azul de un cielo despejado, en un estallido de vida. Por el lado derecho, más en la penumbra, dos trabajadores levantan de otro mármol los restos mortales, completamente amortajados, de alguien que se llevan, no se sabe quién. La composición es sobria y su haz de connotaciones, sus capas simbólicas, no es preciso comentarlas. Saltan a la vista. Incluido el cuenco y esa botella transparente con agua.

Es un cuadro —ya digo— hermoso y triste. Chéjov hablaba de la belleza que late oculta en el dolor. Señalaba también que el silencio es el modo supremo de expresión de la alegría o del desconsuelo. En este sentido, *Mors in vita* es una creación chejoviana. Incluso la luz de la sala —no el fulgor exterior— es chejoviana. Pero el protagonismo en este cuadro corresponde a la quietud y al sosiego. El motivo esencial no es la parálisis inactiva de la vida que cesa y calla, sino esa calma de una luz vivificadora que irradia en el mundo y entra con su paz misericordiosa en el silencio de una sala. Es la claridad que una cortina blanca y traslúcida a medio correr, en tanto, filtra por el ventanal, dejando adivinar las ramas y las flores de los almendros tras ella.

Cualquier experto en pintura podría relacionar el asunto del cuadro y su tratamiento con la seducción que, desde el Romanticismo hasta el arte de fin de siglo, lo exánime y desmayado, lo desvaído o lo fúnebre ejercieron en la sensibilidad de los creadores. Podría asimismo asociar la presencia de estos episodios de muerte, tan abundantes en esa época, con la tendencia del naturalismo a representar escenas dolorosas y descarnadas, a menudo vinculadas a una denuncia social. Fernando Cabrera fue hijo de su tiempo. De hecho, la mayor parte de su obra lo fue, también *Mors in vita*. Acaso por ello es un gran pintor más bien olvidado. Algunos de sus retratos y paisajes, sin embargo, trascienden su época, como los paisajes montañosos de los alrededores alcoyanos que pintó, algunos maravillosos. En el museo de Bellas Artes de Valencia puede contemplarse la visión callada de un panorama nevado realmente admirable. Y este cuadro de la joven muerta contiene también algo que va más allá de fáciles adscripciones a tendencias *artísticas* o escuelas. Eso es lo que permanece vivo y aún nos impresiona. Puede que una experiencia personal propiciara este salto creativo. Cuando Cabrera pintó *Mors in vita* tenía unos treinta y dos años; dos antes, había perdido a su joven esposa, tres semanas después de un parto difícil.

Tras dejar la biblioteca, paseamos un rato por la plaza de España y hacia el barrio del Tossal, por el viaducto de Canalejas. Nos dirigimos al antiguo hospital Sueco-Noruego y las casas vecinas, de austero aire proletario. La estampa arquitectónica recuerda a otros lugares, quizá a una ciudad vascongada. Como pequeños insectos, los peatones recorremos la estructura metálica del puente, ante la anchura de la vaguada, poblada de verdor, entre tejados caídos y alguna casa.

Finalmente, en la biblioteca he leído el prólogo de *Kigo* y la primera sección de la antología, centrada en la primavera. Aquí los castaños han florecido, y los milanos revolotean junto a la brisa. Me acuerdo ahora, mientras cruzamos el viaducto, del haiku que abre el conjunto. Es del poeta Takahama Kyoshi, nacido en 1874:

Saliendo alguien,
la luz de primavera
lo va abrazando.

Desde la altura del puente, emociona oír allá abajo el canto de los ruiseñores, ocultos entre las ruinas de las fábricas y los álamos del río.

ELCHE
(martes, 7 de mayo de 2024)

Han transcurrido más de treinta años desde que nos trasladamos de Alcoy a Elche, el lugar donde más tiempo he vivido. Durante todo este dilatado período nuestros dos domicilios ilicitanos siempre han estado muy cerca de la biblioteca, a pocos pasos de casa: literalmente, a la vuelta de la esquina. Hablo en singular, como si aquí no hubiese más que una biblioteca. Pero una población con doscientos mil habitantes, aparte de esta central, cuenta con otras tres o cuatro sedes distribuidas por algunos de sus barrios, todos de clase trabajadora, la mayoría hasta no hace mucho vinculada a la producción del calzado.

La elección de nuestra vivienda, sin embargo, no estuvo condicionada por esta cercanía de la biblioteca de San José, sino por la tranquilidad de la zona de Elche en que ambas se encuentran: el Pla o Llano de San José, una antigua pedanía rural absorbida por la expansión urbana. El Pla aún conserva algo del aire de pueblo que tuvo antaño. Todavía subsisten algunas casas de planta baja, la mayor parte envejecidas, habitadas por gente mayor, o medio abandonadas.

Nuestra calle, la calle Asilo, es breve y tranquila. Por

ella suelen pasar monjas o ancianos del asilo próximo, cuya espadaña blanca asoma tras el ramaje de un plátano de sombra, en un extremo. Los ancianos se desplazan en sillas de ruedas, guiados por algún familiar que viene de visita. En los días escolares, se oyen las voces de los niños yendo o saliendo de la escuela que queda junto a un parque en el otro extremo. Desde la ventana vemos desfilar, pues, lo que en los antiguos cuadros alegóricos se denominaba «las edades del hombre». Conocemos de vista a buena parte de los vecinos. Todos los días saludamos a alguno. Conocíamos también a otros que también saludábamos y que ya han muerto.

Desde hace años, cada día además oímos las prédicas ininteligibles de un borracho, un tipo mayor de pelo ondulado y cano que milagrosamente se conserva inmutable, como guardado en formol. Viste con pulcritud, casi con atildamiento. Trajes elegantes. Ropa limpia y bien planchada. Y uno piensa en las manos que lo protegen y se preocupan de cuidar con tanto mimo su aspecto. De camino al bar, el hombre marcha silencioso con pasos reposados; de vuelta, avanza a rachas, se detiene monologando a voces temibles, resonantes, que a veces asustan —hasta hacerlos llorar— a los niños más pequeños. Amedrentados, se pegan a las piernas de sus abuelos o de sus madres. No se entiende casi nada de cuanto el pobre balbucea.

El corazón del Llano de San José es, sin duda, la parroquia que le da su nombre, un antiguo convento franciscano del siglo XVII, del que solamente se conservan una iglesia de muy sobria fachada con espadaña y un modesto claustro encalado con el suelo de piedra y arcadas de medio punto. En torno a un viejo pozo se alinean algunas macetas con cintas, lirios y geranios. Los arcos forman concisas bóvedas de caliza, y sobre las paredes pueden leerse fragmentos de admoniciones y citas piadosas escritas por los antiguos monjes con floridas letras. En las épocas de lluvia, reconforta oír caer el agua sobre las losas de piedra, que el musgo no tarda en cubrir.

Por todo el barrio se escuchan los toques de la campana de San José. Hace un momento los he escuchado dar la hora, claros y limpios, como un eco de los días en que el convento era un lugar retirado extramuros junto a los campos de las afueras, frente al barrio del Arrabal, que separa el río Vinalopó. Cada día escucho también esos tintineos desde el cuarto donde todos estos años he trabajado y escrito. La que hemos tenido aquí, diría que ha sido una buena vida, sin más sobresaltos que los propios del destino, de vez en cuando inclemente, duro.

Junto al umbral de la iglesia están la diminuta capilla del Cristo de Zalamea y la entrada que lleva al claustro y a la biblioteca, que se llama «Pedro Ibarra», un destacado historiador, pintor y arqueólogo de esta ciudad. Nosotros, sin embargo, habitualmente nos referimos a ella como «la de San José», puesto que está pegada al claustro y a la iglesia. Tanto es así, que en el claustro casi siempre están abiertas las dos puertas que, respectivamente, acceden al templo y a la sacristía. De hecho, antes de entrar a las salas con los libros es fácil escuchar, al paso, las letanías del rosario o las palabras de alguna misa. Y me gusta que sea así: que el lugar destinado a los libros esté en el solar de un antiguo convento, tan cerca de un espacio sagrado, consagrado a la oración y a otro tipo de silencio. No sólo por comodidad me gusta tenerlo a un minuto de nuestra vivienda. La forma es también el contenido. No es anecdótico, pues, el lugar destinado a ser una morada para los libros.

Por otro lado, no todos aquellos que compramos o nos llegan pueden quedarse en casa, porque ni siquiera en las estanterías del trastero queda espacio. Por eso suelo recurrir a los préstamos de esta biblioteca de San José, que viene a ser una prolongación de la nuestra. Ya no reconozco apenas aquel antiguo afán mío de poseer o conservar los libros. Ni libros ni otras cosas. A veces me complazco pensando en la cantidad de nuevos estantes que necesitaríamos para albergar definitivamente todos los prestados que hemos leído. De modo que, considerado de otro modo, en realidad se tienen dos bibliotecas: una tangible y personal, la doméstica –que habría de ser selecta, compendiosa y reducida–, y otra invisible y casi abstracta, la que suman las instituciones públicas a las que en el curso de nuestra vida hemos acudido, entre las que esta de San José tanto cuenta.

Hace unos minutos he retirado de un estante un par de títulos de Jesús Marchamalo –*Donde se guardan los libros* y *Los reinos de papel*– que me he entretenido hojeando, los dos centrados en las bibliotecas de conocidos escritores españoles, narradores, periodistas, profesores, poetas o filósofos. Lo más interesante son las fotografías, que reproducen en blanco y negro el sanctasanctórum de sus respectivos dueños: paredes, estantes y mesas abarrotados de volúmenes, a menudo recostados los unos sobre los otros, entre figuritas, recuerdos y dibujos. Exteriormente, todas esas bibliotecas se asemejan. Es en el mayor o menor abarrotamiento en lo que difieren, al margen, por supuesto, de lo más sustantivo, los autores y el espíritu de los textos.

Una colección personal de libros hace que recordemos un reducto como aquella torre donde Montaigne escribía acompañado de sus autores más queridos. Alguien se rodea de libros como el caracol en su concha o Montaigne recogido en su torre. No sé, pero a mí me gustan también las mesas vacías de las primeras horas matinales en estas bibliotecas a las que Bárbara y yo venimos. Rincones ajenos y propios en los que disponemos de una orilla atenta y silenciosa. Un libro prestado y una mesa disponible: con esto basta.

Cuando inicié este cuaderno, Bárbara y yo teníamos presente que, ante todo, las horas tempranas debían ser las de nuestras visitas. Las tardes traen escolares y más concurrencia y convenía, pues, evitarlas, nos decíamos. Más que nada importaba la disponibilidad de esos espacios con sus mesas vacías y sus libros.

—¿Y adónde te gustaría que fuéramos? —preguntaba ella.

—A pueblos de los alrededores. No voy a hablar de bibliotecas distinguidas y con empaque, como las salas del Ateneo de Madrid, o con la solemnidad de la Menéndez Pelayo de Santander, sino de sitios sencillos frecuentados por gentes sencillas como nosotros.

—Cuando lleguemos a un lugar, lo primero que podríamos hacer es leer en su biblioteca, y luego pasear otro rato —propuso.

—Me parece perfecto. Hacía tiempo que me ilusionaba escribir sobre nuestros pequeños viajes por los pueblos.

Y esos paseos ya los hace uno cotidianamente dando unos pasos calle abajo, hacia el plátano y la espadaña blanca del asilo, y girando hacia la biblioteca de San José, al otro lado de la esquina.

ALTEA
(miércoles, 15 de mayo de 2024)

Aparcado el coche, siempre este repentino contraste entre la cerrada hermeticidad del vehículo y el contacto con los sonidos del lugar, con los olores y la temperatura del aire libre.

En esta calle de la parte baja del pueblo, lo primero que se respira es el soplo marino, húmedo de salitre, que hoy viene con el viento de levante. En la altura, sobre los tejados, reverberan los agrios graznidos de unas gaviotas, mientras que en un balcón no cesa de cantar un canario en su jaula. Parece que en esos sonidos se condense el sol de la mañana, deslumbrante sobre la cal de las paredes. Eso es lo que se ve ahora mismo frente a los ojos: la blancura de la cal, cegadora, y el granate encendido de unos geranios sobre el alféizar de una ventana. En la pared caen las sombras geométricas de la reja —pintada de negro— que resguarda la ventana. Y en esos pocos encuentros iniciales uno ya reconoce plenamente Altea. Nos reciben como una suerte de *genius loci* o espíritu del lugar, cuya expresión arquitectónica más prototípica y acabada son las escalonadas casas de la villa: blanco sobre blanco trepando por una colina, coronada por la torre y la cúpula azul de la iglesia.

Las tapias enjalbegadas son una invariable negación del tiempo. Las paredes blancas permanecen situadas en un presente inalterado, definitivo. La cal que las cubre acoge los ilimitados matices de la luz, al margen de la Historia. Por eso los pueblos blancos como Altea —abstraída en sus miradores, en el púrpura de las buganvillas, en los árboles de sus plazuelas— parecen vivir apartados, en otra orilla, despreocupados del paso de los días. Al menos, tal era mi visión inicial de Altea en la niñez, la que después acabaría de fijarse en el tiempo de la adolescencia.

Las primeras veces, desde Alicante, mis dos hermanos y yo veníamos aquí con mi madre en el tren a pasar el día. Era un trenecito lento y achacoso de vía estrecha que iba recorriendo los recodos más ignorados de la costa; pasaba sin apremios ante ignoradas playas, entre cerros ocres con atalayas en ruinas y calas ocultas. No creo que fueran muchas las madres que por entonces, a mediados de los setenta, organizaran excursiones como aquellas nuestras. Salir, para mi madre, entrañaba la posibilidad de partir a un lugar reconfortante, cerca del mar y lejos de su rutina, donde dejar atrás por unas horas los conflictos que la agobiaban. Si la cal tiene el poder de suprimir el pasado y el tiempo, el azul y la sal del mar conseguían situarla en su ser más apaciguado y verdadero, a salvo de su propia historia. Cierro los ojos y la veo bajar ilusionada del tren, con el capazo de palma colgado de su pecoso hombro. Ahí guardaba bocadillos bien envueltos, alguna pieza de fruta y un mantelito que extendía en un rincón retirado de la orilla, junto al vaivén monocorde de las olas.

Altea concedía una promesa sólo con pronunciarla: bastaba articular sus cinco letras para hallar su elevación y su blancura en la *a* que abre y cierra la brevedad de su hermoso nombre. Desde el tren, el pueblo era una aparición de casitas blancas al pie del monte Bernia. El pueblo y las huertas que lo rodeaban de hecho eran vástagos del Bernia, como juguetes que la montaña había derramado para la felicidad de los seres. El camino que subía desde la estación nos llevaba a esa visión acrónica a la que antes me he referido, un lugar desligado del tiempo, inmerso en esa serenidad encalada.

Junto a su bahía, delimitada por el morro del Toix y punta Albir con la sierra Helada, Altea —el río Algar, sus huertos y villas cerca del monte— era lo más parecido a un microcosmos. Así la muestra Carmelina Sánchez-Cutillas en el comienzo de un libro entrañable, *Matèria de Bretanya*: como un universo comprendido entre el mar y esos dos extremos de piedra: «La mar vivia a una badia molt gran. Un dels cantons d'aquella badia que era la casa de la mar s'anomenava la Punta de l'Albir i l'altre cantó el Morro de Toix, i cap al racó de l'Olla sura-ven els crestallets de l'Illeta i de l'Illot». Y en el centro de ese universo estaba —así es— la Olla y sus dos islitas. Cerca de allí, al otro lado del río, también tenía el tren un apeadero, y en ocasiones bajábamos en dirección al puertecito y las oscuras rocas volcánicas de *cap Negret*, en la Olla.

No existe el Mediterráneo, sino los Mediterráneos, miríadas de rincones con carácter singular y entidad pro-pia. Como una especie de ínsula, Altea ha sido para mí una categoría, una cristalización del Mediterráneo. Altea le dio un libro a Sánchez-Cutillas, y Sánchez-Cutillas re-galó un libro íntimo y delicado a Altea. En sus páginas renace la vida de una niña en un pueblo de pescadores y labriegos durante las décadas de los años veinte y trein-ta, en el tiempo que precedió a la guerra.

Aquí, y en todo este paisaje de la Marina Baja, fue donde, embebido en Gabriel Miró y en sus libros prota-gonizados por Sigüenza, comencé a descubrir la virtud fundacional de la literatura, su capacidad para particu-larizar la realidad y convertirse en un núcleo inseparable de ella. Comprendí que, así como en el Génesis Adán re-cibe los nombres para nombrar el mundo, quien escri-be con plenitud, con verdad y hondura tiene el poder de incorporar nombres más sustanciales y definitivos a los nombres heredados; es capaz de añadir una identidad ensanchada a cada ser y a cada cosa. Y, con las perfecciones y los excesos inherentes a todo extremo, ningún otro escritor español había creado una prosa con tanta corporeidad, con tal plétora enunciativa y calado sensorial como Gabriel Miró, al que leía con fervor en la adolescencia, mientras descubría los caminos entre los barrancos y las cumbres, los pueblos y el mar de esta comarca de la Marina. Como Miró o Sigüenza en el Mascarat, yo levantaba la eternidad cuando me agachaba para recoger una simple piedra.

Esta mañana de mayo, los trinos del canario se dilatan en el balcón a nuestras espaldas, muy cerca de un pequeño jardín en cuyas sombras dos tipos astrosos y somnolientos beben de un tetrabrik unos tragos de vino. El jardín desemboca en un pasaje umbrío y muy meado donde, parsimoniosas, unas moscas sobrevuelan la penumbra. Son hipnóticas las evoluciones aéreas de las moscas, flotantes, suspendidas en el espacio, trazando rectilíneas idas y venidas. Al observarlas con un poco de atención, lo interrumpen todo, nos quitan de en medio. Tal vez nos trasladan a otro tiempo y a otra parte. Con razón Monterroso decía que hay tres grandes temas: el amor, la muerte y las moscas. Quienes escriban y hablen de sus vidas, antes o después tendrán que detenerse en estos tres motivos.

Y al otro lado del pasadizo de los orines y las moscas, en una antigua casona encalada, está la biblioteca. Es un lugar bonito, limpio y acogedor, con arcos de medio punto, baldosas de arcilla y paredes blancas, profusamente adornadas con figuras, cuadros y grabados originales. Todo infunde una sensación de amenidad y orden, y también evoca el mundo de la infancia. Repartidos sobre las estanterías, aquí y allá aparecen numerosos muñecos de madera: marionetas de distintos personajes y tamaños, una sirena, una bruja sedente, tocada con su puntiagudo sombrero, viejos estrafalarios, un Pinocho y una liebre elegantemente vestida, enanos y seres fantásticos, un garboso caballito de ojos negros...

Cerca de la entrada, junto al mostrador, se halla el fondo bibliográfico local, los muchos volúmenes que de un modo u otro hablan de la geografía, las gentes, la historia o el mar de Altea. Asombra ver cuántas páginas han suscitado estas tierras, los célebres libros de Miró o de Carmelina, pero también relatos, poemas y ensayos de autores que no conozco. Estaba pensando que quizá también podría encontrar algún libro del poeta Martínez Sarrión, que tuvo aquí segunda residencia, cuando una voz nos ha interrumpido.

—¿Queréis algo?

La pregunta sólo pretende prestar ayuda, pero debo confesar que no me agrada que en una biblioteca o incluso en una librería me pregunten si «deseo algo». Prefiero un breve buenos días, si acaso; por lo demás, lo mejor es que cada uno vaya a lo suyo, silencioso e invisible como el aire. Quien nos interroga es una mujer de unos cuarenta y tantos años con melena oscura y voz enérgica.

—No, gracias, sólo mirar y leer un rato —contesto, un poco arisco e incomodado.

Antes de elegir una mesa donde leer, seguimos echando un vistazo por las distintas secciones y a los cuadros de las paredes, varios con paisajes alteanos. Hay algunos grabados de mérito, entre ellos uno que recrea aquel capítulo del *Quijote* en donde, con una herrumbrosa espada, un ventero ordena caballero andante al héroe manchego. Bajo la estampa, una cartela da razón del título y de su autor, además de la técnica y las medidas del cuadro: «*Serie*. Eberhard Schlotter. 24,5×21 cm». El nombre me resulta familiar, no sé de qué. El patente dominio del dibujo, el efecto lumínico de las perspectivas y las sombras, la meditada composición, la depuración de los trazos: todo evidencia la calidad del grabado. Resulta grata su discreta presencia entre los libros, en el rincón de una biblioteca. ¿Qué personaje más libresco —y más filántropo— que Alonso Quijano, el Bueno?

Cervantes —o, más exactamente, Cide Hamete— dice que don Quijote se arrodilló ante el ventero, y que este le dio un resuelto espaldarazo ante dos mujerzuelas —las dos «rameras adoncelladas» a las que se refiere Unamuno— para despachar pronto la locura de su huésped y despedirlo así lo antes posible. En el grabado, sin embargo, no aparecen tales mujeres, y el hidalgo no se arrodilla, sino que se sienta frente al posadero casi a ras del suelo, sobre una piedra baja, o bien sobre la silla de montar de un arriero —no puede apreciarse dónde—, la espalda erguida hacia atrás, apoyándose en los brazos, igualmente extendidos atrás, sobre la sombra del volumen donde se sienta. Frente a la posición enhiesta y forzada del héroe, la figura oronda del ventero permanece de pie, cachazudamente. La larga espada forma una horizontal que descansa sobre un hombro del que está siendo ordenado caballero andante. Detrás de la escena, en un nebuloso segundo plano, Schlotter bosqueja otro suceso distinto: la imagen de un rey acompañado por su séquito, en el instante en que está ordenando solemnemente a un vasallo: son las fantasías sobrepuestas a la realidad de don Quijote. Hemos visto tantas ilustraciones de esta novela, que muchas parecen espontáneamente salidas de sus páginas, como si se hubiesen creado solas y sin mediación de nadie, por encantamiento.

Otro de los múltiples efectos de esta obra.

Busco un ejemplar del *Quijote*. Me gusta también pensar que este libro pueda encontrarse en cualquier biblioteca del mundo. Es como tener bien localizados un cielo alto y limpio donde respirar y un suelo firme por el que andar. Verdaderamente, son contados, contadísimos, los escritores cuyas creaciones nos sitúan de un modo tan perfecto. Sólo sucede con unos cuantos clásicos y con tres o cuatro autores más que hacemos nuestros, capaces de continuar disponibles y acompañarnos. Las demás lecturas suelen ser visitas en mayor o menor medida amigables, aunque anecdóticas y pasajeras. Del *Quijote* hay aquí adaptaciones y ediciones en otros idiomas. Está la de Francisco Rico, recientemente fallecido.

Abro el libro por sus comienzos, por donde creo que puedo localizar al héroe y al ventero. Empiezo las líneas iniciales del capítulo cuarto: «La del alba sería cuando don Quijote salió de la venta tan contento, tan gallardo, tan alborozado por verse ya armado caballero, que el gozo le reventaba por las cinchas del caballo». Basta leer esas tres líneas para sentirse en casa. No hay mejor forma —ni más contagiosa— de expresar el regocijo incomunicable de la euforia. Poco antes, en el capítulo segundo, cuando el hidalgo emprende su primera salida, se nos revela que la hizo a escondidas, sigilosamente —«sin dar parte a persona alguna de su intención y sin que nadie le viese»–, y muy temprano, «una mañana, antes del día».

Devuelvo más contento el libro a su estante, pensando en esas tres primeras palabras del cuarto capítulo: «La del alba sería...». Parece que, para abrirse un camino crucial, para nacer a una vida nueva, sea necesario madrugar con el alba, antes del orto, y de este modo iniciar así –a la vez que el sol– el día. No me molestaré en comprobarlo, pero estoy seguro de que en algún otro momento de la novela Cervantes usa la locución «romper el alba», tan bonita, o «quebrar el alba», para referirse al amanecer. Los narradores aún la utilizan, pero, en el habla, nadie la emplea. No he escuchado a nadie decir: mi tren saldrá al rayar el alba. No obstante, es natural encontrarse con esta expresión en la lengua escrita. Pero sólo en la lengua escrita. Aquí, en la biblioteca, rodeados de tantos libros, guardamos silencio no por un mandato o una norma, sino porque amamos las palabras escritas. Guardamos silencio sólo por este amor a ese otro tiempo, a esa otra percepción –más lenta– y al idioma callado propios de la escritura. Una biblioteca es el recinto de las voces impresas. Y las palabras escritas pertenecen al silencio, son hijas suyas, y patrimonio de nuestros más íntimos y profundos pensamientos; pertenecen a aquello que vemos o sentimos y nos cuesta compartir con los demás en voz alta, hablando, como la visión del brillo húmedo y rosáceo del amanecer, cuando empieza el día. Las bibliotecas albergan lo que no se dice pero que por encima de todo necesita ser dicho.

—Qué biblioteca más acogedora tenéis —le digo a la bibliotecaria, tratando de enmendar la sequedad de mi anterior respuesta.

Le agrada escucharlo. Sonríe. Siempre me sorprende cómo cambia la gente cuando sonríe. Es aún una mujer atractiva. En la juventud debió de ser guapa. Cuida su imagen. Viste una camisa de anchas mallas blancas que dejan ver debajo una camiseta amarilla, conjuntadas con un elegante pantalón blanco y un pañuelo de seda también dorado, que combina con un collar y unos pendientes de ámbar. El efecto cromático está pensado. Todos sus dedos lucen anillos de refinado diseño, y en las muñecas ostenta docenas de finísimas pulseras polícromas que, sin embargo, producen un efecto unitario.

—¿Verdad que sí?

—Ya lo creo. Es muy agradable, y está decorada con gusto —señalo.

—Es cierto —remarca Bárbara—. Esas figuras de las paredes y las estanterías son estupendas.

—Son donaciones de los artesanos que participan en la feria de artesanía —nos informa—. Cada año alguien nos da algo, algún muñeco, alguna marioneta... Y nosotros lo ponemos en las paredes o en las librerías.

—Se nota que no son de fabricación industrial, que vienen de unas manos —comento—. Y algunos cuadros están muy bien. Hay dos o tres grabados bastante buenos.

—Sí. Son de Eberhard Schlotter, un pintor alemán que vivió en Altea desde los años cincuenta. Creó una fundación aquí por los noventa.

—¿Está en la parte alta del pueblo? —pregunto.

Ahora recuerdo que en otras visitas hemos visto la casa donde se encuentra esa fundación. Pero nunca hemos entrado, como tampoco aquí hasta hoy. Por eso me era familiar el apellido del pintor.

—Así es, en la parte de arriba. Merece la pena que la visitéis —por el tono, casi nos invita.

—Seguramente vayamos esta tarde.

—Muy bien. Entonces allí nos veremos —vuelve a sonreír—, porque esta tarde me toca estar en la Schlotter. Trabajo repartida entre estos dos lugares, entre la fundación y la biblioteca. Casi prefiero estar allá arriba.

Es simpática, le gusta conversar, mostrarnos detalles de los rincones. Hemos pasado junto a una vitrina menuda dedicada a la obra de Carmelina Sánchez-Cutillas. En ella hay expuestos dos o tres ejemplares de *Matèria de Bretanya*, marcapáginas y fotografías relacionadas con la escritora, dos libros de poemas suyos... Cuando he comentado que recientemente se ha publicado la traducción que hice de *Matèria de Bretanya*, parecía que uno era persona de relieve. Todo un personaje.

Cruzado un salón de actos, se halla la sala más apartada y silenciosa, y también la sección de poesía. Aunque la poesía no necesita papeles: entra por una ventana que han dejado abierta de par en par, con los visillos blancos recogidos entre dos estanterías repletas de libros.

En los viajes es placentero el simple hecho de sentarse, leer, estar, ver y escuchar e interrumpirlo todo, como el fumador que, con el pretexto de fumar, para estar consigo se aparta del grupo o de la reunión en donde estaba. Necesitamos esas burbujas de tiempo. Hace muchos años que dejamos la avidez del turista dispuesto a «verlo todo». Y en esto que digo nada importan las distancias. Nuestro viajar alcanza en cada punto que pisamos su mejor destino, y esa dilación en los pormenores de todo aquello en apariencia anodino y pequeño prefiere ignorar *objetivos* y planes, antepone la libertad de tomarse un tiempo y respirar con calma. Da lo mismo poder «ver» más o menos.

La mesa donde leemos es oblonga y blanca. Su superficie refleja la claridad de la ventana, que da al jardincito donde estaban los dos bebedores del tetrabrik con vino. Podría haber dicho «los dos bebedores del cartón». Pero esa sordidez del alcoholismo callejero está mucho mejor contenida en esta palabra antiestética que incluye plástico y aluminio.

Se está bien. No se oyen voces, sólo entran la primavera y el pautado murmullo de los pájaros. Podríamos salir y «visitar» las calles, pero el aire que mueve los visillos ya es todo un acontecimiento. Es un aire salino que huele a mar.

Entre los volúmenes de poesía veo que figura un libro que publiqué más de dos décadas atrás, hace ya mucho. Lo abro, no para leer nada, porque eso casi siempre decepciona, sino por la tímida vanidad de saber si alguien se ha acercado alguna vez a él para leerlo. Supongo que es una curiosidad común entre quienes se topan con un libro suyo en una biblioteca pública: enterarse de si ha hallado lectores. El que digo fue prestado dos veces: el 14 de noviembre del 2002 y el 8 de mayo de 2010. No está mal para ser un libro de poemas, me digo; muchos otros dormitan solos, incógnitos, acumulando años, sin nadie que los despierte. Son tremendamente solitarios y exclusivos casi todos nuestros asuntos. Si alguien me lee ahora, sin duda sabrá que los dos —él o ella, el lector o lectora, y yo— estamos aquí solos. Así sucede con la mayoría de las cosas. Por eso me alegro cada vez que saco algún título de una estantería, un ensayo, una narración o unos poemas que nunca han tenido lectores, porque con mi lectura esos textos recobran su existencia. En tal sentido, con nosotros los lectores las bibliotecas también viajan: en nuestras manos tiene lugar el viaje de las bibliotecas.

A veces fantaseo con ese lector imaginario. Y entonces me doy cuenta de que estas ensoñaciones casi inconscientes se parecen bastante a un ejercicio narcisista: tanto nos parecemos mi lector quimérico y yo. Ambos amamos la soledad del canto y la compañía de la prosa; a los dos nos gustan las palabras pronunciadas en voz baja, en un tono discreto, sin énfasis ni vanas pretensiones «literarias»; ambos creemos habitar un lugar distinto e inusitado —y sin embargo muy común—, que surge de nuestra mirada y nuestra vida, como esas islas incógnitas que emergen del agua.

Salimos, en fin, al aire libre, acaso en compañía de esa lectora o lector imaginario. Calle abajo, a pocos metros, están la iglesia de San Francisco y la plaza del convento, alborotada ahora por un bullicioso enjambre de niños. Brincan y juegan entre los olivos de la plaza, ante la mirada de sus dos cuidadoras, dos mujeres jóvenes que, a la sombra de unas ramas, hablan de sus cosas en tanto los críos corretean. La iglesia luce su torrecita franciscana sobre una tapia desnuda, completamente encalada.

Reconforta oír esos gritos infantiles y presenciar sus juegos, con su hora perenne señalada por los dibujos de las hojas y el sol sobre la tierra. Es como visitar un semillero, y en la Altea de hoy todo apunta a lo contrario. «Hay un momento en la vida en que descubrimos que la imagen de la realidad es mejor que la realidad misma»: medito nuevamente en esas palabras de Azorín, sintiendo que la Altea de la que hablo se parece más a las páginas de ciertos libros, o a un recuerdo, cuando venía en un trenecito con mi madre y mis hermanos. O cuando después Bárbara y yo recorríamos los huertos de San Roque y estas costas, hacia la Olla y el Mascarat por un lado, y hacia punta Albir por otro, hace tanto.

¿Qué preferimos, pues, qué estamos viendo, en definitiva? ¿La Altea presente o la Altea representada? ¿Este escenario turístico o aquel lugar con turistas, sí, pero sin los tropeles depredadores de ahora? Altea aún se empeña en vender su espejismo inspirador de las bellas artes, su aura mediterránea de destino nutricio para artistas y escritores. Aquí por el año 28 un joven Ramón Gaya pasó unos meses fundamentales en su evolución pictórica, cuando, en medio de una crisis artística y personal, se alejaba de las vanguardias. Altea fue eso para muchos, un destino de lejanías; también, según parece, para Eberhard Schlotter, que encontró en ella la mejor distancia de la abatida Alemania de posguerra.

Por las escaleras que trepan hacia la parte alta suben y bajan gentes de pieles crudas y mantecosas, muchas tatuadas, tomando fotografías como quien cumple aplicadamente una tarea. En una de esas cuestas, junto a una galería de cuadros y láminas, el dueño fuma aburrido fuera, sentado junto al portal en un taburete muy bajo. Va con las piernas desnudas, en muy ceñido *slip*, despatarrado, la espalda apoyada en la pared, y lleva puesto un mandil de artista, goteado todo de pintura, como un *dripping* de Jackson Pollock. Los turistas pasan en sarta por la angostura de la calle delante de su tienda, medio aturdidos, quizá con prisa. Todos parecen ausentes, del mismo modo que en las apariciones o en los sueños.

Hoy Altea es, más que nada, una especie de plató fílmico o televisivo, donde los visitantes protagonizan su reportaje fotográfico o su película doméstica; forma parte de una industria. Sus cuestas entre jazmines y geranios, el añil vidriado de la iglesia, el carmín de las buganvillas sobre las paredes blancas, el lustre de los guijarros que pavimentan las calles: todo constituye un estudiado decorado. Los rascacielos de Benidorm están cerca; como agujas en acerico, pueden verse tras la sierra Helada, desde uno de los dos miradores próximos a la iglesia. Y Benidorm recibe cerca de tres millones de turistas cada año.

A Enlil, el viejo dios mesopotámico, llegó a indigestársele la especie humana. No podía aguantar su ruidosa naturaleza: «El país se volvió muy extenso, la población muy numerosa. El país era tan ruidoso como un toro bramando. El dios no podía descansar por su alboroto, Enlil tenía que oír su ruido». Así relata el poema de Atrahasis −un antiquísimo texto acadio− el fastidio y la irritación de Enlil. Es la primera añoranza del silencio. La primera protesta por los males que acarrea la masificación demográfica. Enlil dirige su queja a los otros dioses porque el ruido de los hombres no lo deja dormir. Los odia. Decide exterminarlos con plagas, sequías y diluvios.

En ocasiones, efectivamente, uno ama más la representación de la realidad que la propia la realidad.

En eso he pensado nuevamente hace unos minutos mientras reposábamos la comida sentados en el poyo de una placita, por las inmediaciones de la parroquia. La pared donde nos apoyamos mira al macizo del Bernia, ese galeón volcado del que habla Gabriel Miró en el tratado de contemplación que es *Años y leguas*. Ahora mismo el monte carda unas nubes con la barriga entre plomiza y violácea, tal como él lo describe. Creo recordar que

Carmelina se refiere a sus laderas como una camada de cachorros mamando de su madre. Es una buena imagen. Una feliz representación de la realidad. Sin embargo, la realidad —esto que está ahí, delante de nosotros— derroca las palabras, dispersa los recuerdos, toma nuestros sentidos, convirtiéndonos en átomos suyos.

Cuando llegamos a la iglesia, tocan a muerto.

¡Vaya! Aquí también, como en Monóvar..., nos decimos algo desconcertados. Esta sensación de que la campana ahora hace audible lo que nunca deja de sonar. Dentro del templo, los turistas se sientan en los bancos como lo hacen en el paseo del mar o igual que en la calle, con gorras y pamelas. Unos japoneses que acaban de entrar al edificio se sientan con aire despistado delante de nosotros, doblan las piernas y levantan las cabezas hacia los dorados que ornan ménsulas, arcos, capiteles y columnas, echan miradas a los santos que custodian el presbiterio y la girola. Descansan del calor de la tarde en la sombra.

Fuera, alineados, arrimados a la pared, los deudos del difunto aguardan la llegada del coche fúnebre junto a la entrada de la iglesia. Casi todos visten de luto. Aunque están habituados a los visitantes, se saben observados; pegados al muro, se acentúa su aspecto frágil, su desvalimiento. Sus trajes negros contrastan con los vistosos colores y las piernas y brazos desnudos de los turistas, como si los locales estuviesen de duelo y los foráneos en un día festivo. Quienes ahora acuden dan el pésame, hablan en un tono inaudible, se abrazan o dan la mano de uno en uno. Los visitantes se aglomeran a unos metros, forman un semicírculo de curiosos en torno a la escalinata de la iglesia, como si aquello fuera una escena teatral en un anfiteatro, guardan también silencio. Por fin, del coche, que ha llegado, sacan un ataúd con una cruz, lentamente van pasando al templo, y los grupos se disuelven.

Por la calle de santa Bárbara, bajamos a la plaza donde antaño hubo un baluarte. La plaza ahora recibe el nombre de Carmelina Sánchez-Cutillas. Es un lugar tranquilo, desde el que se divisa la estación del tren y la bahía, con un jardín donde el viento sopla entre los pinos. Siempre que volvemos, nos gusta sentarnos un rato, acercarnos después al arco de la Puerta del Mar. Un pesquero azul se aproxima al puerto, navega rodeado por una nube de gaviotas, como puntitos blancos. Cada vez que miramos, es el tiempo y lo eterno lo que a la par miramos. Simultáneamente, sin separaciones. Es lo más parecido a un regreso.

—¿Te acuerdas de la primera vez que vinimos juntos a Altea?

Bárbara sonríe. Aquí hicimos nuestra primera excursión, un día de febrero de hace mucho, muchísimo tiempo. El pueblo vivía sumido en su dulce letargo de invierno, apacible como el tronco pardo y surcado de los pinos.

Miramos un poco más la luz vespertina, que dora y oscurece el azul de la bahía. El aire ya refresca. Ifach se dibuja al fondo, tras el vuelo veloz y los gritos de docenas de vencejos. Aún nos seduce más la realidad misma que su imagen representada.

Sobre las tres Apariciones, que el Autor de esta obra
sabe... en las lunes su ... a través de ... la historia ...
pa ... la vida ... su ... tiempo de ...
de ... lo ... el ... ando ... como lo de la ...
Aunque un poco más la ... ...
ocurre cerca de la salida ... ... si ... re
lim ... al ... los ... los ... de ...
tas ... ... con ... ... oculta ...
... que no llover supondrían ...

SAX
(jueves, 23 de mayo de 2024)

—¿Estás segura?

—Segurísima.

—¿Pero cómo puede ser? No me acuerdo de nada —la miro con extrañeza, tras aparcar en una calle principal y apagar el motor—. No recuerdo absolutamente nada... Puede que te equivoques —añado aún confuso, sin apartar las manos del volante.

—¡Claro que no me equivoco! Porque yo sí me acuerdo —repite con paciencia—, y muy claramente. Lo que pasa es que de eso hace muchos años y apenas estuvimos un rato, sólo unos minutos. Vinimos con nuestro primer coche.

Si para Bárbara esa mención suya resulta incuestionable, deberé resignarme a darla por buena y reconocer mi olvido. Me mira a los ojos, como si estuviera viendo aquel pasado —todavía vivo en ella— en la pared en blanco de mi desmemoria. Pero no deja de sorprenderme ser incapaz de recordar que ya estuvimos aquí en otra ocasión. Me asustan un poco esas lagunas, esos agujeros negros de la memoria. Constatar su existencia —esa inexistencia— genera inseguridad y manifiesta con inquietante rigor la endeblez del conocimiento. Es como si uno perdiera el control en la narración de su pasado.

Pisar en esos vacíos siempre multiplica las dudas.

—En fin, será como dices. Pero yo no me acuerdo.

—Lo que pasa es que Sax no te gustó —añade—. Llegamos, empezamos a caminar y al poco «Vámonos, que esto es muy feo», dijiste. Puede que por eso se te haya borrado de la mente aquella visita.

—¿Que no me gustó? —pregunto, más sorprendido—. Puede que... No sé; al menos, espero que entonces estuviéramos de acuerdo.

—No, no te gustó. Por eso me ha sorprendido que te empeñaras en venir —concluye, mientras del asiento de atrás recoge una bolsa—. Bueno, aquí estamos entonces, como si fuera tu primera vez.

Ciertamente, aunque no lo sea, esta será mi primera visita a Sax. Con las poblaciones vecinas de Villena o Salinas, sus casas forman parte de la comarca del Alto Vinalopó, una geografía de tierras altas; para Azorín, el Alicante menos conocido, pero el más característico, el de mayor entidad paisajística. Sus llanos circundados de peñascos, las dos torres de su castillo encaramado sobre una roca altiva, su campanario renacentista con chapitel, en cierto modo preludian la meseta y los páramos de Castilla. En los contados viajes que en la infancia hice con mis padres al interior de la Península, Sax era una especie de frontera. Los cincuenta kilómetros que lo separan de Alicante parecían muchos más. El mar quedaba ya lejos. O eso me parecía.

«Sax, Sax», repetía un par de veces mi padre, siempre interesado en la sonoridad de los topónimos, como sondeando la palabra, «qué nombre tan corto y tan raro». Y desde aquella carretera nacional, arracimado bajo el castillo, aparecía un enjambre de edificaciones humildes y de tejas junto a una torre, a un lado de la escabrosa peña que formaba el contorno de una monumental tortuga de piedra. Los asombros jamás se olvidan.

Nada más bajar del coche y pisar la acera, debo apartarme para dejar que pasen dos jóvenes, ciclópeos como luchadores de sumo, acaso miembros de una poderosa secta. Los dos, de gesto huraño y piel atezada, medirán lo mismo; los dos visten la misma camiseta negra de tirantes; y ambos ostentan sendas variaciones de un similar corte de pelo: rasurado todo el cuero cabelludo, a excepción de una tupida islita de cabello en la cumbre, de la que en uno emerge una palmera fosforescente, y en el otro una especie de atolón capilar teñido de azul. Esto promete, no está mal para una población de diez mil habitantes, me digo. Aunque, eclipsadas por la anchura de sus cuerpos, tras ellos vienen dos señoras menuditas con semejante altura y que, por la igualdad de sus concienzudos cardados, irán a la misma peluquera.

No tardamos en doblar una esquina y andar por la Gran Vía, que aquí en realidad es pequeña y poco agraciada: en Sax se cebó particularmente la calamidad urbanística por los años sesenta y setenta del pasado siglo. Puede que esta incivil anarquía motivara aquella fuga nuestra ahora tachada de mi memoria. Pero el ambiente resulta vivaz y grato. A diferencia de Altea y de los demás lugares costeros, por aquí no hay turistas, ni otra actividad que la de los propios vecinos.

Corre un aire templado. Una tropa de niños uniformados —esa *pax* de la clase media— corretea por el patiecillo de una pequeña escuela de las Hermanas Carmelitas, bajo una espadaña con una campana y un vano mellado; las gentes van y vienen, viven inmersas en sus ocupaciones matinales. Algunos nos espían. Existe una ecuación directa entre el número de habitantes de un lugar y la psicología de la mirada que inspecciona al forastero. Sorprende la desconfiada curiosidad con que nos observan: ¿qué hacéis aquí?, vienen a decirnos. Hemos venido a ver, nada más que a eso, podríamos contestar. Y a leer un rato en la biblioteca.

La de Sax está situada en esta misma calle, la Gran Vía, en el mismo edificio deslucido y funcional que ocupa el mercado de abastos. Todo ahí resulta gris y mustio. En el mercado ahora sólo contamos cinco compradoras, y permanecen abiertos ocho puestos –tres carnicerías, dos pescaderías, una tienda de frutos secos, una verdulería y un rincón con salazones y ultramarinos–; lo demás está cerrado. Junto a la salida del mercado, se halla la puerta y la escalera que sube a la biblioteca. Es una escalera sombría y angosta, con los rodapiés roñosos y desvanecidas pinturas ornamentales, a las que se han sumado unos falos rollizos, como globitos dibujados en las paredes.

No parece que haya nadie arriba. A un lado se interna un pasillo desierto con débiles vislumbres de terrazo. Enfrente, más a la izquierda, entramos en una pieza con apariencia de almacén, sin un destino bien definido, desordenada y confusa. Por las paredes, ocupando las esquinas y los espacios entre las ventanas, se esparcen pinturas de grafitis, y en la franja superior, sobre los dinteles de los huecos, puede leerse en letras dibujadas con pronunciados ringorrangos: «Si quieres esta noche tomamos algo, una calle por ejemplo». Todo contiene un aire suburbial y parece desatendido. Por los rincones se acumulan mesas de distintas alturas abarrotadas por infinidad de láminas extendidas y carteles abarquillados, muchos apelotonados en cajas. Se amontonan archivadores de cartón entre expositores de libros y estanterías medio ocupadas. ¿Será esto la biblioteca?, nos preguntamos con semblante perplejo.

Tomamos la penumbra del pasillo y aparece una sala cuadrangular separada por un cristal transparente, como un acuario. Por el rectángulo de una ventana apaisada entra la luz desde el fondo, y en la parte izquierda, encaradas a una pared desnuda, se suceden tres mesas, dos de ellas con sendos ordenadores y una maraña de cables que repta hasta el suelo. Cuando pasamos, como si hubiera percibido nuestros pasos, una mujer gira hacia nosotros la cabeza y nos observa tras el cristal del acuario. A contraluz, la segregación de esa escena resulta desvalida, desangelada.

Y la misma orfandad onírica se siente cuando llegamos a la sala principal, al final del pasillo. Tras los cristales y una puerta cerrada, observamos de pie el reflejo de la luz sobre el suelo satinado y verdoso de un espacio diáfano muy amplio, totalmente vacío, recorrido por los volúmenes poligonales de los pilares, pintados de blanco. De las escayolas del techo cuelgan los metales marrones de una estructura de ventilación. La soledad de la sala se parecería bastante a un aparcamiento deshabitado, si no fuera por las persianas... Hiladas de esas persianas de sutiles lamas de madera sujetas a una polea con una cuerda, con las que se cubren ventanas, puertas y balcones, desplegadas ahí en medio del recinto, entre las pilastras. La sorpresa resulta tan mayúscula y dadaísta como *La fuente*, aquel urinario de Marcel Duchamp: unas persianas de aire rural colgadas en la lejana ausencia de una biblioteca vacía. Extemporáneamente. Desde Duchamp, el arte —conceptual— consiste en una socarrona pirueta del ingenio, que pudo hacer reír en la iconoclasia de un primer momento, pero que, convertida en categoría e institucionalizada, causa el hastío de los chistes repetidos: burlar la realidad con el lenguaje mediante alguna vana ocurrencia. Ya digo: una pirueta. Una *inspiración* del arte contemporáneo ha sido el emplazamiento de objetos característicos de un ámbito en contextos inesperados, como llevar basura a un museo o a una galería; o persianas no a las ventanas, sino al ámbito vacío de una biblioteca, con su exotismo traído de Persia. Utensilios para evitar el paso del sol y de las moscas traídos al interior de una sala desierta. Arte conceptual, en definitiva. Sax, en efecto, promete, vuelvo a decirme.

Y el arte —sin adjetivos— estaba en la escueta realidad de la luz detenida en el suelo.

Pero nada es lo que parece. En primera instancia, lo que percibimos es mera apariencia, pura cáscara. Algo así como un casual envoltorio. Por eso mismo estamos destinados a captar no realidades, sino ilusorias ficciones. Mirábamos la biblioteca vacía y pensaba esto y otras cosas peregrinas cuando una voz nos saca de esa burbuja del pensamiento.

—¿Buscan algo?

Creo que he dado un repullo. Quien pregunta nos vigila también con algún recelo. Pronuncia las dos palabras cautelosamente. Es un hombre de unos sesenta años con un rostro ancho y aburrido, o tal vez fatigado. Llevará tres o cuatro días sin afeitar. Sus ojos abultados interrogan tras unos cristales turbios.

—Nada; sólo veníamos a conocer la biblioteca —contesto, procurando inspirar confianza.

Tras él, aparece un tipo con una carretilla enrobinada, y aguarda. Por esta zona el suelo está insonorizado con revestimientos de corcho y no hemos oído sus pasos.

—Ahora estamos de reformas —anuncia, y al punto pienso en el caos de la dependencia transformada en depósito que hemos visto hace un momento.

—Ya veo —digo, y me pregunto dónde estarán los libros. A continuación, tras un titubeante silencio, señalándolas, expreso mi curiosidad—: Esas persianas... ¿Por qué las han colocado ahí, entre los pilares de la sala?

—Porque estamos en Sax, y esta clase de persianas se inventó aquí, en Sax. Por eso se conocen como persianas alicantinas. Sax es el pueblo de las persianas.

De modo que ni arte conceptual, ni contemporaneidad, ni ninguna idea o clave estética, ni gaitas... Simple glorificación de una manufactura local, como la cerámica talaverana o el turrón de Jijona. Definitivamente, nuestros juicios iniciales de la realidad son espejismos y quimeras. No conviene precipitarse a valorar u opinar acerca de nada. Importa más limitarse a atender y abstenerse.

—Ah, no, no lo sabíamos. Gracias.

Los dos reanudan su marcha con la carretilla y aún seguimos así ante la sala vacía, mirando un rato, callados como ella.

En los viajes casi todo resulta simbólico. Al salir, al otro lado de la calle, reparamos en unos tejados dibujados en el cartel de una inmobiliaria situada enfrente.

—«La Casa de tus Sueños» —leo el rótulo en voz alta.

—Esa biblioteca vacía con sus persianas absurdas sí que parecía sacada de un sueño —comenta Bárbara—. Qué irreal.

—¡Desde luego! —asiento, mientras averiguamos en el escaparate cuánto se pide aquí por las viviendas.

Junto a los precios, pegadas al cristal con cintas adhesivas, se muestran imágenes de las distintas dependencias de las casas, algunas amuebladas, la mayor parte desocupadas, desiertas. Igual que la biblioteca: nada más que espacios deshabitados, entre paredes desnudas con sombras de marcos, fatigados parqués, o mármoles en cuyas superficies se desliza una luz filtrada por cortinas. Aunque las fotografías traten de favorecer su aspecto, son espacios abandonados, de atmósferas desamparadas, tristes. Me acuerdo de esos textos del poeta César Simón, en los que un sol vespertino entra en un cuarto ausente, sin nadie, donde únicamente alienta la mirada de una conciencia perpleja que aguza el oído.

—No son viviendas muy atractivas que digamos —señalo, manifestando una perogrullada.

—Como para pagar, encima, por vivir en ellas —asiente Bárbara—. Pero aquel piso nuestro de Alcoy no era más hospitalario, y llegamos a sentirlo hogareño.

—Es verdad, allí estuvimos a gusto. El hogar lo construyen quienes lo habitan —corroboro, y después, aún ante el escaparate, abordo otro asunto que me ronda—: ¿Por qué tantos pintores y tantos fotógrafos contemporáneos se sentirán tan atraídos por los cuartos vacíos? —pienso en voz alta, y después recuerdo «Sol en una habitación vacía», el cuadro de Hopper, y aquella fotografía de unos haces de sol cruzando una estancia, del checo Josef Sudek, y tantos interiores de Hammershoi, tan silenciosos, tan solitarios.

—No lo sé. Será porque es una forma de representar la soledad de las personas —señala ella—; o porque una estancia vacía es la mejor expresión de nuestra época, sin muchas seguridades ni certidumbres sólidas, pero también saturada, desbordada de libros, de información, de noticias, y por tanto con una profunda necesidad de ese vacío.

—Cierto. También podría ser un modo de simbolizar la nostalgia de una capacidad de atención y escucha, cada vez más infrecuente, más perdida —sugiero.

—Sí, podría ser. Es una metáfora muy abierta, tan llena de significados y posibilidades como un cuarto vacío. Precisamente.

—Me ha encantado cómo lo explicas —la elogio.

Me gusta pensar a su lado. Así lo hemos hecho desde un principio, a lo largo de muchos años.

—Gracias; tú tampoco lo haces del todo mal —bromea—. Qué pena, hoy no podremos sentarnos a leer... Y a ti, ¿por qué te ha impresionado ver esa biblioteca vacía? —me pregunta, mientras paseamos de nuevo—. ¿No habrá sido solamente por esas persianas?

—No, no sólo por las persianas, claro —confirmo—. Me atraen mucho esos lugares desiertos. Mirarlos, descubrirlos, auscultar su quietud. Es como si, antes de encontrarlos, yo ya estuviera viviendo dentro de ellos. En su lejanía, como una parte más de ese secreto.

—Claro que sí, mi eremita —y me da un pequeño apretón en el lóbulo de una oreja.

Así le gustaba llamarme en los períodos en que dejaba la casa de mis padres y me marchaba a pasar unos días solitarios en Santa Pola, o bien en la montaña: «mi eremita». Recuerdo aquella calle completamente despoblada en invierno, donde de noche la única lámpara encendida era la mía. Pero cuánto me alegraba que viniera ella por sorpresa.

—Es que con los años casi todo me sobra. Casi hasta la música y los libros me sobran. Todo cuanto nos envuelve, los estímulos que reclaman nuestra atención, todo tiendo a verlo flotando en una superficie meramente circunstancial y transitoria. Lo que más capta mi atención es esa oquedad, adentrarme en ese vacío que detecto en el fondo de los hechos e ideas. Por eso me ha llamado la atención ese espacio sin libros.

—Pues imagina cómo hubiera sido tu vida sin los libros.

—Otra bien distinta —contesto—, no sé si mejor o peor, pero seguro que muy diferente.

—Sí, sí... A ti te sobrarán muchas cosas, pero antes te has alarmado porque no recordabas que ya habíamos estado en Sax, cuando tampoco importa tanto tener presentes todos los recuerdos, ¿no crees? —me objeta—. Y, además, te sobrarán los libros, pero ahora mismo estás convirtiendo estos viajes nuestros en un libro.

—Antes —trato de explicarme— me he sobresaltado porque de buenas a primeras ese olvido abría un agujero en la supuesta continuidad de nuestras vidas. Con todo, puede que tengas razón. Pero escribir un libro no es lo mismo que leer libros, aunque se parezca bastante.

—Ya. No sé yo, no sé...

—Da igual como sea. Lo fundamental es que ahora mismo, mientras paseamos, sólo con atender, estoy escribiendo; sin embargo, luego, en casa, cuando escribo, en realidad paseo. Y entonces, sobre todo, soy testigo de cómo las palabras ensanchan el tiempo y ocupan lo vivido.

—Esa suerte que tienes —sonríe.

Permanecemos un rato callados, mirando el pueblo. Pasamos junto a un teatro situado entre viejos caserones, el teatro Cervantes, que anuncian metálicas letras modernistas, laureadas con una pluma, y también junto a la plaza Cervantes, cerca de una palmera en torno a la que unos jubilados, sentados, charlan animadamente. Entre ellos permanece de pie un hombre muy bajo que apenas alcanza mi cintura, con melena y apostólicas y luengas barbas. Corre una brisa sana y fresca. La gente va y viene. Suenan los toques breves de una campana.

Poco a poco se impone esta sensación arrolladora de la milagrosa simultaneidad de la vida, cuyo empuje conmueve a quien la distingue, y lo desborda; de una vida que hoy sale a nuestro encuentro en este pueblo donde las calles conservan nombres que evocan un orden secular, ya fuera de este siglo, nombres de escritores como Antonio Machado, Azorín o Pío Baroja, y Gabriel Miró o Juan Ramón Jiménez; de plantas y vegetales como Palmera, Espiga o Lirio; o de conceptos y políticos como Progreso o Castelar. Además de la plaza y del teatro, también hay un colegio Cervantes.

—Qué urbanismo tan desastroso.

—Y qué mañana tan agradable.

Tras una esquina, asoman la iglesia de la Asunción y su alta torre. Justo en este instante están retirando un féretro de un coche fúnebre, oscuro, alargado. Cuatro hombres enlutados cargan con el ataúd y entran al templo, seguidos por una taciturna comitiva. Todo sucede apresuradamente, como si tuviesen prisa o quisieran esconderse o huir de algo. Cuando empezamos a darnos cuenta, el grupo ha desaparecido y el coche queda solo junto a la puerta. En el suelo han caído unas flores. Evidentemente, no entramos y permanecemos fuera. Nos miramos inquietos, con gesto contrariado.

—¿Será posible? ¿Has visto? Aquí apenas si ha sonado la campana.

—No lo puedo creer. Ni aposta. En Monóvar, en Altea, y ahora también aquí...

—Si fuésemos supersticiosos...

Acaso todos lo somos un poco. Bárbara me habla de Jung y una teoría suya acerca de las coincidencias, de cómo el azar actúa dialogando en secreto con nuestras vidas. Nada es fortuito, al cabo.

Subimos a la parte antigua, cosida a la ladera del castillo. Esta parte del pueblo es esquiva y pobre, como hecha con tierra y polvo de esas dos torres entre almenas. Sax es la antítesis de la blanca Altea. Las escaleras de las calles suben y bajan junto a paredes con desconchones entre desvaídas capas de pintura. Hay fachadas alicatadas con azulejos de baño, deterioro, hendiduras, maderas resecas. En una ventana tabicada cuelga un cartel al que le faltan números, con un «Se vende» roto. Arriba, en lo alto, aturden las erosionadas calizas y la presencia del castillo. El paisaje sin embargo es hermoso, el yunque pétreo del Cid, la sierra de Salinas... Enfrente, el reloj del campanario da poco más de las doce del mediodía.

En el interior de una casa se oye una voz. Su timbre es el de un niño pequeño. La puerta y la ventana están abiertas.

—Te quiero mucho. Te quiero como ir a la Luna y volver.

—Pues yo a ti te quiero más —contesta una voz rota de hombre.

Antes de llegar, cuando nos acercamos a la puerta,

sale un tipo descalzo, vestido sólo con un pantalón y el torso —cubierto de tatuajes— desnudo. Con un cigarrillo en una mano, echa un trago de una lata de cerveza y le contesta al tiempo que vuelve a entrar diciéndole:

—Yo a ti como ir a la China y volver cuatro veces y media. ¿Tú sabes dónde está la China, y lo lejos que está?

La fachada de la casa está tan castigada como el resto. Aún se oye la vocecita del niño. ¿Por qué el hombre habrá añadido esa mitad? Seguramente, la hondura de ese afecto exprese mejor su grandeza, más que en las cuatro veces, en esta «y media».

Recuerdo qué lejos me parecía Sax cuando yo era el niño. Mientras, el tiempo pasa, cada historia va quedando atrás, los hechos se olvidan.

ALICANTE
(viernes, 7 de junio de 2024)

Cerca del mercado, por Alfonso el Sabio, es grande y continua la agitación del tráfico y el ajetreo de paseantes y peatones apresurados. Los semáforos regulan el mecanismo coreográfico de los transeúntes y los coches. Unos se detienen en la calzada, mientras los otros se suceden como en cortinas o avalanchas. Muchos arrastran maletas con ruedecillas, todas de colores vistosos, en dirección a su destino turístico. Dejan un sonoro traqueteo por las aceras.

Una ciudad populosa se asemeja bastante a un arrecife coralino. Ambas formaciones concentran múltiples y heterogéneas configuraciones de vida. En una ciudad, lo mismo que en un arrecife, se acumula un gran número de individualidades, en sucintos espacios conviven especímenes diversos de manera en apariencia inconexa. Acontece mucho –y simultáneamente– en muy pocos metros. Hace nada, por ejemplo, hemos pasado junto a uno de esos contenedores metálicos donde se depositan los escombros de las obras de albañilería. En el mismo instante en que veíamos ese acero pintado de naranja, ha aparecido un obrero con una espuerta de goma llena de cascotes y ripios. Protegía sus ojos con una máscara de plástico transparente, extendida sobre el rostro. Tan pronto como ha lanzado al contenedor todos esos desechos, tras oírse un golpe seco, se ha levantado una densa polvareda. Frente al contenedor, junto a un portal, un hombre extranjero hacía sonar un violín, con la funda oscura abierta sobre la acera. Interpretaba la celebérrima aria de la Suite para orquesta número 3 de Bach. La compuesta en re mayor. Miles de personas han escuchado esa pieza alguna vez en sus vidas, como acompañamiento musical de bodas u otros actos solemnes. Durante unos segundos he percibido toda esa turbadora simultaneidad desde fuera, como si yo no hubiera estado también ahí, en medio de una avenida, sino en otro lado, tras esa corriente del hervidero de transeúntes envueltos, difuminados por el polvo, incluida esa melodía de Bach y su intérprete, apartados, lejanísimos, ¿incongruentes? entre el ruido del tráfico, el albañil con la espuerta vacía y la indiferencia de la turba atravesando la polvareda. Resultaba conmovedora la soledad de esa música.

Íbamos de compras. Detesto salir de compras. Soy más sufrido y resignado si son para Bárbara, pero para mí apenas tengo paciencia. De hecho, nunca las haría. Fatiga andar a pasitos morosos mirando aquí y allá; cansa tener que probarse ropa y calzado y aventurar si combinarán bien con nosotros esos artículos extraños; agobia el martilleo tribal de la musiquilla omnímoda de las tiendas. Enseguida se me cargan piernas y cabeza, como si en ese rato ya llevara andados y leídas cientos de kilómetros y de páginas. Propongo, pues, una tregua o una moratoria tan pronto como tenemos una bolsa con alguna prenda en la mano. Se supone que uno así ya tiene justificado el viaje.

Hemos bajado, pues, para descansar y leer unos minutos en la biblioteca del Paseíto Ramiro, frente al mar de Alicante. Llevo siempre algún libro conmigo. Las páginas de este asiduo compañero de fatigas no sólo prometen el sosiego de un diálogo aparte; también aseguran un refugio inquebrantable frente a cualquier situación forzosa o involuntariamente sobrevenida. Cuántas horas en aulas cuando yo era el alumno, y horas en salas de espera, en hospitales, en grandes almacenes, en viajes con insomnio o incluso en reuniones de trabajo o de familia han sido así más gratas y livianas, más llevaderas. Gracias a la siempre oportuna amistad de ese libro que, a lo largo de los años, ha venido a mi lado. Cada circunstancia, cada tesitura, se quiera o no, acaba por resultar limitadora y opresiva: exige que nos ciñamos a su tiempo, impone sus propias horas. Por eso, aunque no lo abramos, el libro que tenemos guardado en el bolsillo o en la cartera ofrece la posibilidad de una huida que, a fin de cuentas, es un retorno a nosotros mismos, a nuestro tiempo, a nuestro propio minuto. Así que, bien vista, una biblioteca se parece mucho a una especie de fabuloso e inconmensurable libro. Unas páginas de nuestra propiedad y de nadie.

El que hoy traigo, de Jesús Carrasco, es, a la vez, un ensayo y un relato autobiográfico con algunos ingredientes acaso ficcionales o novelescos, pero no una novela. Posiblemente los editores hayan decidido vender este *Elogio de las manos* –tal es su título– como novela, porque ese marbete asegura más ventas; ya digo, sin embargo, que no lo es. Con todo, no merece la pena perder el tiempo controvirtiendo y polemizando si esta obra es yelmo de Mambrino o bacía de barbero. De esos bizantinismos ya se ocupan los especialistas y académicos, que para eso les pagan. Lo que importa es que se trata de un libro honesto, como los anteriores del autor, de un atractivo ético incontestable. Supongo que no encontrará tantos lectores como una novela al uso. Su mismo título, *Elogio de las manos*, pone en claro el contenido: el elogio de las labores relacionadas con el uso de las manos.

Esta apología del trabajo manual es, desde hace muchos lustros, una causa perdida, una utopía, en cierto modo ya sólo histórica: desde el *Arts and Crafts* de William Morris al mesianismo de un Tolstoi agricultor y artesano que se hacía sus propios zapatos, pasando por la ensoñación contracultural del movimiento *hippie*. Pero Carrasco es humilde: se limita a hablar de la relación de sus manos con una casa decrépita destinada a un derribo inminente, cuya proximidad, en cambio, se alarga unos años, por fortuna para nosotros, los lectores. Su prosa, de una factura ordenada y limpia, muy artesana se diría, muestra persuasivamente cómo el trabajo manual facilita un contacto más vivo y definido con las realidades del mundo; enseña su dimensión moral también, su capacidad para entablar un diálogo con las cosas que las enriquece otorgándoles un valor distinto, al tiempo que, de forma recíproca, nos enriquece y emancipa.

Elogio de las manos me ha retrotraído al recuerdo de mi padre. Hacía tiempo —muchos años— que no me sentaba a leer en los sillones excesivamente bajos de esta biblioteca, y también eso, el simple hecho de haberme sentado aquí a leer, me ha llevado muy atrás, cuando yo era un niño que, como la serpiente, sin remisión, mudaba de piel y comenzaba a sentirse fuera de su infancia, desconcertado y melancólico. Qué extraño, estar sentado aquí después de tanto, en este presente de ahora, junto a Bárbara, que también lee su libro, y frente a un tipo cenceño de manos tostadas y sarmentosas, rostro estragado y aspecto de yonqui o vagabundo. Absorto en la pantalla de un móvil, escucha algo con unos auriculares. Observo esta sala de lectura y me acuerdo de los días de entonces, como también me acuerdo de Esperanza López Villellas. Nuestra querida Esperanza.

Tengo once o doce años y, como tantos muchachos de mi generación, en alguno de estos asientos leo la serie de *Los cinco* y *Los siete secretos* de Enid Blyton, *Los tres investigadores* de Alfred Hitchcock, alguna novela de Verne, *Viaje al centro de la Tierra*, *La isla misteriosa*... También algún libro sobre la ciudad sepultada de Pompeya, que en aquella época me fascinaba. Me veo recorriendo a menudo el trayecto entre este lugar y mi nuevo domicilio, en aquel sexto piso del 28 de Pintor Aparicio. Los ficus, olmos y setos del Paseíto Ramiro aún componen la umbría de un jardín romántico, un parque decadente y siempre húmedo, antes de que un urbanismo aterrador lo destruyera más tarde, para transmutarlo en una yerma superficie de cemento, pista de patinetes bajo las piedras de una muralla exhumada. Una muralla inútil, como todas las murallas. Todo acorde con la fea mole de cristales tintados y paredes blancas de este edificio, por entonces recién inaugurado.

Alicante por aquellos años era una ciudad tan caótica como ahora, pero aún dormitaba en su letargo de capital oscurecida por el marasmo y las fatigas de la posguerra. Todos los edificios antiguos estaban ennegrecidos de suciedad y por las algas del relente marino. Yo solía venir hasta aquí por la calle Gravina, estrecha y sombría. El palacio dieciochesco del Conde de Lumiares, donde actualmente se halla el museo de Bellas Artes, era un edificio ruinoso de viviendas pobres, algunas abandonadas. En el bajo había una carpintería donde de vez en cuando me gustaba pedir trozos de madera para mis trabajos escolares de marquetería.

Toda criatura, todo niño, mientras lo es, viene del cielo. Literalmente. De nosotros depende que tengamos ojos para verlo. Con razón suele decirse que está emparentado con los ángeles. No obstante, desde el momento en que un niño advierte cómo deja atrás su infancia, se convierte en un ser encadenado, expulsado. Pasa a ser un ángel caído. Eso me sucedió a los diez años de edad, en 1974. Regresábamos a Alicante, después de haber vivido un curso en Murcia. Pero aquel regreso más se parecía a una fuga. Una huida a ninguna parte. Al mar, si acaso.

Y aquellos libros de aventuras brindaban la posibilidad de agrandar el universo, de añadir vida nueva a una vida limitada, falta de horizontes, monocorde, repetitiva. Sus páginas abrían puertas, frente a las puertas cerradas de nuestro hogar, donde las tormentas cada vez eran más frecuentes y el aire se enrarecía por momentos, hasta hacerse en ocasiones irrespirable.

A decir verdad, todo el mundo aquel que me rodeaba me parecía triste. No sé, podría ser que mi mirada de entonces lo hiciera triste. De él he hablado en otros sitios, aunque nunca se acaba, es inagotable. El portero de nuestro edificio, el conserje de la escuela, mis maestros, los curas, los padres de mis amigos, los amigos de mis padres, los vecinos, casi todos eran gente de rostros ceñudos, de silencios opacos y graves y miradas mortecinas, cuando no displicentes. Siempre que alguien entraba al ascensor con nosotros, mientras el aparato subía apáticamente, bostezaba no sé qué retraimiento, mirando los botones. Los fines de semana acentuaban aquella atonía, y un marasmo viscoso enmudecía el edificio. Los ascensores bajaban a los feligreses de la cercana parroquia. Era todavía el tiempo de la severa *gravitas* y la *potestas*, que en cada hogar ejercía el *pater familias*. Transcurridos algunos años, dos décadas después, se impondría el imperio carnavalesco de lo divertido a ultranza, de lo festivo y lo lúdico sin compromisos.

Entre las seis puertas de nuestra sexta planta, la vivienda de Angelita y Antonio, una pareja joven de Albacete, componía una saludable excepción frente a tanta inapetencia. Vivían con ardor e ilusionado emprendimiento los estertores de la dictadura y el inicio de su vida en común y de la democracia. Como he dicho, eran jóvenes. Allí, en aquel inmueble de Pintor Aparicio, pocos vecinos habían nacido en Alicante. En el sexto, aparte de Angelita y Antonio, que yo recuerde, estaban Amadeo Sgambella –don Amadeo–, creo que de Génova, una familia onubense y otra de Murcia. La única oriunda de Alicante pertenecía a la burguesía local. Su piso, barroco, sobrecargado, ostentoso, recordaba a una tienda de cerámicas y bibelots apretujados por muebles y pasillos.

Pienso con extrañeza en lo muy lejos que estos viajes por las cercanías me han llevado. Sobre todo, aquí, en Alicante, donde se halla la cota cero sobre el nivel del mar y de mi existencia –tan ligada a ese mar–, y en esta biblioteca situada frente a una playa y la bahía.

La mayoría de aquellos seres de Pintor Aparicio ya no existen. Muchos, como mi padre, como mi madre, han desaparecido. Por el 76 o el 77, dos o tres años después de nuestra llegada de Murcia, Antonio y Angelita abandonaron la ciudad. Vendieron el piso a unas vecinas nuevas, las dos Esperanzas, madre e hija.

Procedían de Piedralaves, un pueblecito de Ávila. Altas las dos, sobre todo la más joven, a las dos las distinguía la misma urbanidad, la misma discreción en el tono de la voz, el mismo porte de distinción patricia. La madre era una viuda amable de seriedad risueña. Era madrileña, formó parte del primer equipo femenino español de remo y se hizo maestra en la República, en los primeros años treinta. Esperanza donó al Archivo Histórico Nacional un álbum fotográfico con imágenes de su madre. Entre ellas, en la página web del Archivo aparece el retrato de una bonita joven de pie, abrazada a la caña de un remo. «Las treinta fotografías originales donadas por su hija, Esperanza López Villellas, ponen de relieve las costumbres de una determinada clase social a comienzos del siglo XX a la vez que muestran la práctica femenina de un deporte, tradicionalmente desempeñado por equipos masculinos. Se acompaña el título de maestra que obtuvo Esperanza Villellas en 1933», informa la página de Donaciones del Archivo Histórico Nacional. En 1933 mi madre sólo tenía un año. Ambas se hicieron muy amigas, pese a que dos décadas distanciaban sus edades. El mismo tiempo que mediaba entre el año de nacimiento de la hija —el 44— y el mío.

Esperanza dirigía el Archivo Histórico Provincial de Alicante al tiempo que esta biblioteca. Tuvieron que correr algunos años para que yo sintiese cierta confianza y me tomase la libertad de acercarme a su despacho y llamar a la puerta. Contenta y sorprendida, deja atrás la mesa de trabajo y se acerca a saludarme. Miro de nuevo su rostro ovalado, la frente despejada, sus labios algo carnosos, la sonrisa abierta que dejaba ver una dentadura regular y bien dibujada en las sonrosadas encías. Invariablemente se adornaba con unos zarcillos de perlas o de oro, con algún collar bien conjuntado, brillante sobre la blusa o el jersey de punto. Detrás de las gafas metálicas, sus ojos miopes y rasgados daban la bienvenida. Su voz era eufónica y cantarina.

Nunca dejó de ser persona melancólica. Una melancolía que resaltaban su notable altura y aquella languidez pudorosa. Al principio, cuando llegó a Pintor Aparicio, ya era una mujer mayor, con sólo treinta y pocos años. Más de un vecino se referiría a ella como la bibliotecaria solterona, de acuerdo con el provincianismo cegato e inmisericorde aún vigente por aquellas fechas. Ignoro por qué su madre y ella dejaron atrás las tierras castellanas. ¿También huían? Ella era una criatura cabizbaja, contenida —constreñida— aprisionada, como si toda su existencia estuviera encerrada dentro de una muralla invisible, pero igual de sólida que aquella fortificación medieval de Ávila. Sus días transcurrían entre la biblioteca y la parroquia de San Pascual de los padres capuchinos, a unos cuantos metros de nuestras viviendas. Impartió clases en la universidad durante un breve período.

Según se hizo mayor, sin embargo, aprendió a desasirse, a actuar y respirar con más desahogo. A soltar lastre, en resumidas cuentas. Muerta su madre, en muchos asuntos se confió a la mía. La hizo su confidente. Ambas evolucionaron de un modo parecido. Debieron matizar, alterar o reinventar su religiosidad y sus creencias. «Siempre que paso bajo vuestro balcón, me acuerdo de ella y miro arriba. Siempre», me escribió en cierta ocasión, dos o tres años después de que nos faltara. Yo también miro a ese balcón cuando vengo a Alicante, y aún puedo ver a mi madre asomada, despidiéndose, como hacía cada vez que nosotros salíamos a la calle del umbral de su puerta.

La recuerdo a menudo —a Esperanza— con el pelo teñido de mechones azules y naranjas, como símbolo de una independencia que no había sido fácil conquistar, igual de elegante que cuando era joven. Los años en Alicante la habían ayudado a liberarse del encierro de aquella intangible muralla, que supo abatir. Finalmente prevaleció la niña grande que era. La mujer candorosa, cuya inocencia se había empeñado en ocultar bajo una máscara de persona solamente responsable, reservada, circunspecta. Iba con alegría a la parroquia —mi madre dejó de frecuentarla—; marchaba animosa a las manifestaciones antitaurinas y contra la guerra; asistía a una agrupación musical que tocaba las castañuelas, melancólicamente contenta, como aquel popular instrumento. No dudó en aceptar y apoyar la condición transexual de mi hermana María José. Desde que en 2014 publiqué *El caudal*, cada verano leía esos poemas: «Releo tu libro en la playa, Antonio Jesús». Le gustaba llamarme con mi segundo nombre. Casi todos los españoles de mi generación guardamos en la penumbra de un cajón un segundo nombre.

Nos llamábamos o escribíamos de vez en cuando. La última lo hice yo un domingo, el 9 de mayo de hace tres años. Le mandé un wasap con unas líneas, acompañadas de unas cuantas fotografías que mostraban algunas bibliotecas monumentales o históricas de distintos países. Eran imágenes bonitas y me acordé de ella, como ahora. Poco después contestó su asistenta para comunicarme que Esperanza había muerto hacía sólo unas horas, el sábado. En el tanatorio, apenas estuvimos. Rezamos unos minutos y nos marchamos. No conocíamos a nadie. La relación había sido únicamente entre ella y nuestra familia. Al día siguiente el periódico publicaba la noticia de su muerte. Antes hemos pasado junto a su antiguo despacho, que estaba cerrado. He mirado con añoranza esa puerta.

Entiendo perfectamente que, en un suspiro, de pronto, alguien pueda ver reunida toda una franja de su pasado. Súbitamente vuelven a nosotros lugares, cierta coloración de una luz que ciernen las cortinas sobre el suelo, un gesto, el tono de una voz, el brillo de un collar, jirones de palabras, un instante fijado sin porqué en la memoria. Y, porque nos atañe, porque nos afecta, hemos de referirlo todo linealmente, una frase detrás de otra, según esa presunta linealidad del tiempo sucesivo; pero en realidad ese todo es un núcleo sin principio ni fin, carente de sucesiones o encadenamientos, que nos habita en la fracción de un segundo.

Quizá haya pensado en Esperanza porque unas páginas de *Elogio de las manos*, que tengo en las mías, me han hecho recordar las herramientas de carpintería de mi padre, su viejo martillo, los destornilladores, los formones y alicates oxidados, la fina barrena algo torcida y con la madera del mango agrietada. Las conservo, pero apenas les he dado uso. En su libro, Jesús Carrasco habla de las que empleaba el suyo, las mismas que él utiliza ahora. En la consistencia y el volumen de esos útiles, en su fisicidad, late todavía la memoria tangible de nuestros padres. Un amigo, Julián Montesinos, escribió un hermoso poema titulado «Caja de herramientas», donde se expresa con hondura y verdad la dimensión afectiva de esta herencia. Su padre, como el mío o el de Carrasco, conoció las escaseces de la posguerra e hizo de la nece-

sidad virtud. Es cierto que el dominio de ciertos trabajos manuales, más allá del esparcimiento, dispensa una
mayor autonomía.

A mi padre le relajaba trabajar con las manos. Junto
a su plaza de garaje, tenía un pequeño cuarto trastero
que, sin desperdiciar un centímetro, aprovechó con lejas
preparadas por él de abajo arriba. Allí pasaba las horas
muertas. Tras su muerte, todo permaneció tal como él
lo dejó durante bastantes años, con aquel olor ferroso
de los tornillos y la emanación de los botes de cola y de
pintura, que iban secándose. No toqué nada. Cuando
mi madre decidió vender la plaza del garaje, pensé en el
cuarto. ¿Qué convenía hacer? Me agradó que la compra-
dora fuera Esperanza. Al fin y al cabo, en Alicante ella
era alguien próximo a la familia. Pasaron muchos años
más, pero nunca le pregunté nada relacionado con aquel
trastero. Ella era su nueva propietaria.

Cuando hemos salido, hemos pisado la tierra alfom-
brada de siconos de los ficus del Paseíto Ramiro. A un
tiempo respiraba aún el tiempo presente y el tiempo
del pasado. Antes, mientras vivió mi madre, sentía que
aún tenía casa en mi ciudad de nacimiento. No queda
ya nada de todo aquello. Al pasar junto a las paredes de
la basílica de Santa María, hemos observado las heridas
y boquetes provocados por los bombardeos de los anti-

guos navíos en sus piedras. Todavía puede verse un viejo proyectil incrustado sobre el muro.